Secretos del Éxito en Redes de Mercadeo:

Estrategias Comprobadas

Introducción

¿Te has preguntado alguna vez cómo algunos emprendedores logran alcanzar el éxito financiero, construir imperios empresariales y vivir la vida de sus sueños? ¿Te gustaría conocer las estrategias y secretos detrás de su triunfo? Si es así, este libro es para ti.

Bienvenido a "Secretos del Éxito en Redes de Mercadeo: Estrategias Comprobadas". En las páginas que siguen, descubrirás un mundo fascinante y lleno de oportunidades: el mundo del mercadeo en red. Pero no se trata solo de un libro más sobre cómo ganar dinero, es una hoja de ruta completa hacia la libertad financiera y la realización personal.

Imagina un futuro en el que puedas ser tu propio jefe, trabajar desde donde desees y disfrutar de un flujo de ingresos constante y creciente. En este libro, te guiaré a través de un viaje que te llevará desde los conceptos básicos de las redes de mercadeo hasta el liderazgo inspirador y la creación de un negocio sostenible en el tiempo.

Ya seas un emprendedor principiante o un influencer buscando nuevas oportunidades, las lecciones que encontrarás aquí te ayudarán a aprovechar al máximo tu potencial y a alcanzar tus metas.

A lo largo de este libro, exploraremos los beneficios reales de las redes de mercadeo, desmitificaremos conceptos erróneos comunes y te proporcionaremos estrategias paso a paso para construir y liderar tu propia red con éxito. Aprenderás a elegir los productos o servicios adecuados, a investigar el mercado y a destacar en las redes sociales. Descubrirás cómo reclutar de manera efectiva, cómo presentar la oportunidad a nuevos prospectos y cómo mantener a tu equipo motivado y comprometido.

Además, abordaremos temas críticos como la ética en el mercadeo de redes, cómo evitar estafas y esquemas piramidales, y cómo adaptarte a los cambios en el mercado en constante evolución. Aprenderás a crear múltiples fuentes de ingresos y a mantenerte actualizado con las últimas tendencias y tecnologías del mercado.

Este libro es una guía completa que te llevará desde tus primeros pasos en las redes de mercadeo hasta el liderazgo inspirador y la creación de un negocio sostenible en el tiempo. Estoy emocionado de compartir contigo mi conocimiento y experiencia, y estoy seguro de que al final de este viaje, estarás preparado para triunfar en el emocionante mundo de las redes de mercadeo.

Así que, ¡comencemos! Tu éxito está a solo unas páginas de distancia.

Descargo de Responsabilidad

La información proporcionada en este libro, "Triunfa en Redes de Mercadeo: Estrategias para el Éxito Empresarial", tiene como objetivo ofrecer orientación y consejos sobre el tema de las redes de mercadeo. El autor ha hecho todos los esfuerzos razonables para asegurarse de que la información sea precisa y actualizada en el momento de la publicación. Sin embargo, la naturaleza cambiante de la industria y las circunstancias individuales de cada lector pueden influir en la aplicabilidad de ciertas estrategias y consejos.

El autor y los editores de este libro no son responsables de las decisiones que los lectores tomen en relación con sus actividades en redes de mercadeo. El éxito en este campo depende en gran medida de factores individuales, como la dedicación, el esfuerzo y la capacidad de adaptación a un entorno en constante cambio. Los resultados pueden variar significativamente entre las personas.

Este libro no pretende ofrecer asesoramiento legal, financiero o profesional. Los lectores deben consultar a profesionales calificados en esas áreas antes de tomar decisiones que puedan tener implicaciones legales o financieras significativas.

El autor y los editores no respaldan ni promocionan ninguna empresa o producto específico mencionado en este libro. La inclusión de ejemplos o menciones de empresas o productos se hace únicamente con fines ilustrativos y no constituye un respaldo ni una recomendación.

El contenido de este libro puede estar sujeto a cambios a medida que evoluciona la industria del mercadeo en red y las estrategias se ajustan a las tendencias actuales. Los lectores deben verificar la información más reciente antes de tomar decisiones comerciales.

En resumen, este libro se ofrece como una fuente de información y orientación general en el campo de las redes de mercadeo, pero no garantiza ningún resultado específico y no se debe considerar como un sustituto de asesoramiento profesional individualizado.

El autor y los editores no asumen ninguna responsabilidad por pérdidas o daños directos o indirectos que puedan resultar del uso o la aplicación de la información proporcionada en este libro.

Contenido

Capítulo 1 - Introducción a las Redes de Mercadeo 2
    ¿Qué son las redes de mercadeo? 2
    Beneficios de las redes de mercadeo. 5
    Mitos y realidades. 8

Capítulo 2 - Identificar tu Nicho y Producto 12
    Cómo elegir un producto o servicio para promocionar. 12
    Investigación de mercado y análisis de competencia. 15
    Definir tu nicho de mercado. 19

Capítulo 3 - Construir tu Equipo 24
    Estrategias para conseguir los primeros miembros de tu red. 24
    Cómo presentar la oportunidad a nuevos prospectos. 28
    Técnicas de reclutamiento efectivas. 31

Capítulo 4 - Desarrollar tus Habilidades de Liderazgo 36
    Principios de liderazgo en redes de mercadeo. 36
    Motivación y capacitación de tu equipo. 40
    Cómo convertirse en un líder inspirador. 43

Capítulo 5 - Estrategias de Marketing Digital 48
    Creación y optimización de perfiles en redes sociales. 48
    Desarrollo de contenido atractivo. 53
    Publicidad en redes sociales y estrategias de pago por clic. 58

Capítulo 6 - Creación de un Embudo de Ventas Efectivo 64
    Diseño de un embudo de ventas en línea. 64

Generación de leads y seguimiento de prospectos. 69

Estrategias para cerrar ventas. 74

Capítulo 7 - Herramientas y Recursos Esenciales. 78

Software y herramientas útiles para el seguimiento y la gestión de tu red. 78

Plataformas de marketing por correo electrónico. 82

Cómo Utilizar el Análisis de Datos y el Seguimiento de Resultados: 88

Capítulo 8 - Mantener y Escalar tu Red 91

Estrategias para mantener a tus miembros activos y motivados. 91

Cómo lidiar con desafíos y obstáculos comunes. 94

Métodos para expandir y diversificar tu red. 98

Capítulo 9 - Cumplir con las Normativas y Ética 102

Regulaciones legales relacionadas con las redes de mercadeo. 102

Prácticas éticas en el marketing de redes. 104

Evitar estafas y esquemas piramidales. 108

Capítulo 10 - Éxito a Largo Plazo 112

Estrategias para crear un negocio sostenible en el tiempo. 112

Diversificación de fuentes de ingresos. 115

Cómo mantenerse actualizado y adaptarse a cambios en el mercado. 119

Capítulo 11 - Estudios de Caso de Éxito 124

Historias de personas reales que han tenido éxito en redes de mercadeo. 124

Lecciones aprendidas de casos de éxito. 127

Capítulo 12 - Conclusiones y Acción 130

Resumen de los principales puntos. 130

Pasos a seguir para comenzar o mejorar tu carrera en redes de mercadeo. 134

Apéndice: Recursos Adicionales 138
    Listado de libros, cursos y herramientas para aprender más. 138
    Contactos y redes de apoyo en la industria. 140
Glosario de Términos 144
    Definiciones de términos clave utilizados en redes de mercadeo. . 144

Este libro debería proporcionar una guía exhaustiva para emprendedores e influencers interesados en tener éxito en las redes de mercadeo, combinando estrategias probadas con principios de liderazgo y marketing digital. Además, sería útil incluir ejemplos y casos de estudio para ilustrar las estrategias en la práctica y hacer que el contenido sea fácil de entender para una amplia audiencia.

Capítulo 1

Introducción a las Redes de Mercadeo

¿Qué son las redes de mercadeo?

Las redes de mercadeo, también conocidas como marketing multinivel o MLM (por sus siglas en inglés, Multi-Level Marketing), son un modelo de negocio en el que los productos o servicios se promocionan y venden a través de una red de distribuidores independientes. Estos distribuidores ganan comisiones no solo por las ventas que realizan directamente, sino también por las ventas realizadas por las personas que reclutan para unirse a la red, creando así una estructura jerárquica de múltiples niveles.

Estructura de una Red de Mercadeo: Para comprender mejor cómo funcionan las redes de mercadeo, es esencial entender su estructura básica:

Empresa de Red de Mercadeo: En el centro de una red de mercadeo se encuentra una empresa que fabrica o distribuye productos o servicios. Esta empresa utiliza el modelo de marketing multinivel como su estrategia principal de ventas.

Distribuidores Independientes: Los distribuidores independientes son individuos que se asocian con la empresa de red de mercadeo para vender sus productos o servicios. Estos distribuidores no son empleados de la empresa, sino contratistas independientes que trabajan por cuenta propia.

Patrocinadores y Uplines: En una red de mercadeo, cada distribuidor tiene un patrocinador, que es la persona que los reclutó para unirse a la red. Los patrocinadores también se llaman "uplines" y tienen un interés en ayudar a sus reclutas a tener éxito, ya que ganan comisiones de las ventas realizadas por ellos.

Línea Ascendente (Upline) y Línea Descendente (Downline): La organización de una red de mercadeo se representa como una estructura jerárquica con líneas ascendentes y descendentes. El patrocinador está en la línea ascendente de su recluta, y los distribuidores que un recluta posterior inscribe están en su línea descendente. Cada nivel de distribuidores forma parte de la estructura de múltiples niveles.

Cómo Funciona el Modelo de Red de Mercadeo:

Ahora, vamos a profundizar en cómo funciona el modelo de red de mercadeo:

Inscripción y Compra de Productos: Para unirse a una red de mercadeo, un individuo generalmente debe comprar un kit de inicio o un producto inicial. Este kit puede incluir capacitación y materiales para comenzar a vender.

Venta de Productos: Los distribuidores promocionan y venden los productos o servicios de la empresa a través de varios canales, como redes sociales, reuniones de ventas, eventos, etc. Ganan comisiones por las ventas que realizan de manera directa.

Reclutamiento de Nuevos Distribuidores: Además de vender productos, los distribuidores buscan reclutar a otras personas para unirse a la red. Cuando alguien se une a través de su recomendación, el reclutador se convierte en su patrocinador y comienza a ganar comisiones por las ventas generadas por su nuevo recluta.

Comisiones de Múltiples Niveles: Una de las características distintivas de las redes de mercadeo es que los distribuidores ganan comisiones no solo por sus ventas personales, sino también por las ventas realizadas por los miembros de su línea descendente, a menudo hasta varios niveles de profundidad. Esto crea un potencial de ingresos significativo si se desarrolla una red grande y activa.

Beneficios de las Redes de Mercadeo: Las redes de mercadeo ofrecen una serie de ventajas para los distribuidores y las empresas:

Flexibilidad: Los distribuidores pueden trabajar a su propio ritmo y establecer sus propios horarios. Esto atrae a personas que desean flexibilidad en su carrera.

Potencial de Ingresos: A medida que desarrollan su red, los distribuidores pueden ganar comisiones de ventas directas y de su línea descendente. El potencial de ingresos es ilimitado y puede superar los ingresos tradicionales.

Formación y Desarrollo Personal: Muchas empresas de redes de mercadeo ofrecen capacitación en ventas, liderazgo y desarrollo personal. Esto puede ser beneficioso para el crecimiento personal y profesional de los distribuidores.

Propiedad de Negocio Propio: Los distribuidores son dueños de sus propios negocios y tienen el control sobre su éxito. Pueden operar su negocio desde cualquier lugar y tienen la posibilidad de dejar un legado a sus descendientes.

Desafíos y Críticas: Sin embargo, es importante señalar que las redes de mercadeo también enfrentan críticas y desafíos, que incluyen:

Esquemas Piramidales: Algunas empresas utilizan un modelo similar a las redes de mercadeo pero son en realidad esquemas piramidales ilegales que se centran en el reclutamiento sin ventas legítimas.

Reclutamiento Excesivo: En algunos casos, los distribuidores pueden sentir presión para reclutar a más personas en lugar de enfocarse en ventas genuinas de productos.

Éxito Limitado: No todos los distribuidores alcanzan el éxito financiero en las redes de mercadeo, y puede ser un desafío construir y mantener una red activa.

Regulación y Normativas: Las redes de mercadeo están sujetas a regulaciones gubernamentales en muchos países para evitar prácticas engañosas o fraudulentas.

En resumen, las redes de mercadeo son un modelo de negocio en el que los productos o servicios se promocionan y venden a través de una red de distribuidores independientes que ganan comisiones por ventas personales y por las ventas generadas por su línea descendente. Si se abordan de manera ética y se trabaja con determinación, las redes de mercadeo pueden ofrecer oportunidades significativas de ingresos y desarrollo personal. Sin embargo, es fundamental investigar cuidadosamente cualquier oportunidad de red de mercadeo para evitar posibles esquemas piramidales o prácticas engañosas.

Beneficios de las redes de mercadeo.

Las redes de mercadeo, también conocidas como marketing multinivel o MLM (por sus siglas en inglés, Multi-Level Marketing), ofrecen una variedad de ventajas tanto para los distribuidores como para las empresas que las utilizan.

Beneficios de las Redes de Mercadeo

Las redes de mercadeo son un modelo de negocio que ha ganado popularidad en todo el mundo debido a su potencial para generar ingresos significativos y proporcionar flexibilidad en el trabajo. A continuación, se detallan los beneficios clave de las redes de mercadeo:

1. Potencial de Ingresos Ilimitados: Uno de los principales atractivos de las redes de mercadeo es el potencial de ingresos ilimitados. A diferencia de los empleos tradicionales, donde los ingresos a menudo están limitados por un salario fijo, en el marketing multinivel, los distribuidores tienen la oportunidad de ganar más dinero a medida que aumenta su red y su volumen de ventas. Las comisiones se generan tanto por las ventas personales como por las ventas realizadas por los miembros de su línea descendente, lo que significa que cuanto más grande y activa sea su red, mayores serán sus ingresos.

2. Propiedad de Negocio Propio: Los distribuidores de redes de mercadeo son dueños de sus propios negocios. Tienen el control sobre cómo operan sus negocios, cuándo trabajan y cuánto esfuerzo dedican.

Esta autonomía les permite tomar decisiones empresariales clave y desarrollar sus propias estrategias para el éxito. Además, tienen la oportunidad de dejar un legado a sus descendientes al transmitir su negocio a las siguientes generaciones.

3. Flexibilidad de Horario: Las redes de mercadeo ofrecen una gran flexibilidad en cuanto a horarios de trabajo. Los distribuidores pueden trabajar desde cualquier lugar y establecer sus propios horarios. Esto es especialmente atractivo para aquellos que desean conciliar el trabajo con otras responsabilidades, como cuidar de la familia o estudiar.

4. Desarrollo Personal y Capacitación: Muchas empresas de redes de mercadeo brindan capacitación en ventas, liderazgo y desarrollo personal. Esta capacitación no solo es valiosa para el éxito en el negocio, sino que también puede ser aplicable en la vida cotidiana. Los distribuidores tienen la oportunidad de mejorar sus habilidades de comunicación, establecer metas y desarrollar un enfoque positivo.

5. Bajo Costo de Inicio: En comparación con la inversión requerida para iniciar un negocio tradicional, unirse a una empresa de redes de mercadeo a menudo implica un costo inicial relativamente bajo. Los kits de inicio generalmente incluyen productos o materiales de capacitación, lo que facilita el acceso al negocio para una amplia gama de personas.

6. Apoyo de la Compañía: Las empresas de redes de mercadeo suelen proporcionar a sus distribuidores una serie de recursos y herramientas para ayudarlos a tener éxito. Estos recursos pueden incluir materiales de marketing, sistemas de seguimiento de ventas y capacitación continua. El respaldo de la empresa puede ser fundamental para el desarrollo del negocio.

7. Posibilidad de Diversificación de Ingresos: Además de promocionar y vender productos o servicios de la empresa principal, algunos distribuidores de redes de mercadeo diversifican sus ingresos al representar múltiples compañías o involucrarse en otros proyectos relacionados con el marketing en línea, capacitación o coaching. Esto les permite tener una fuente adicional de ingresos y diversificar su cartera de negocios.

8. Red de Contactos y Relaciones: Las redes de mercadeo brindan la oportunidad de establecer relaciones significativas y duraderas con personas de diversas industrias y antecedentes. Los eventos, reuniones y conferencias de la industria ofrecen un entorno propicio para hacer contactos y aprender de otros profesionales.

9. Incentivos y Recompensas: Muchas empresas de redes de mercadeo ofrecen incentivos y recompensas adicionales a sus distribuidores para motivarlos. Estos pueden incluir bonificaciones por ventas, viajes pagados, automóviles de lujo y otros premios. Estos incentivos pueden ser un poderoso motivador para el desempeño excepcional.

10. Posibilidad de Retiro Temprano: Construir una red de mercadeo sólida puede generar ingresos pasivos a largo plazo. Esto significa que, con el tiempo, los distribuidores pueden reducir su carga de trabajo activa y disfrutar de un retiro temprano o semi-retiro mientras siguen generando ingresos de su red existente.

11. Contribución a la Comunidad: El modelo de negocio de redes de mercadeo puede tener un impacto positivo en la comunidad al crear oportunidades de empleo y empoderar a las personas para que tomen el control de sus vidas financieras. Muchos distribuidores también participan en actividades benéficas y de responsabilidad social corporativa.

12. Aprendizaje Continuo: Las redes de mercadeo pueden ser una excelente plataforma para el aprendizaje continuo. Los distribuidores están constantemente expuestos a nuevos productos, tecnologías y estrategias de marketing, lo que les permite mantenerse actualizados y adaptarse a las cambiantes tendencias del mercado.

Conclusiones

En resumen, las redes de mercadeo ofrecen una serie de beneficios significativos, que van desde el potencial de ingresos ilimitados y la propiedad de negocio propio hasta la flexibilidad de horarios y el desarrollo personal. Sin embargo, es importante tener en cuenta que el éxito en las redes de mercadeo no está garantizado y requiere trabajo duro, dedicación y habilidades de liderazgo y ventas. Además, es fundamental investigar cuidadosamente cualquier oportunidad de MLM para evitar posibles esquemas piramidales o prácticas engañosas. Con el enfoque adecuado y el compromiso, las redes de mercadeo pueden ser una vía gratificante para alcanzar el éxito financiero y personal.

Mitos y realidades.

Las redes de mercadeo, también conocidas como marketing multinivel o MLM (por sus siglas en inglés, Multi-Level Marketing), a menudo generan una serie de conceptos erróneos y malentendidos. A continuación, abordaré los mitos más comunes y las realidades que los contradicen, proporcionando una comprensión más completa de este modelo de negocio.

Mito 1: Las Redes de Mercadeo son Pirámides Ilegales: Este es uno de los mitos más comunes que rodean a las redes de mercadeo. Si bien existen esquemas piramidales ilegales disfrazados de redes de mercadeo, es importante distinguir entre ambos. Las redes de mercadeo legítimas se basan en la venta de productos o servicios reales y tienen un enfoque en generar ventas, no solo en reclutar nuevos miembros. En contraste, los esquemas piramidales se centran exclusivamente en el reclutamiento sin ofrecer un producto o servicio genuino, lo que los convierte en actividades ilegales.

Mito 2: Solo los Fundadores y los Primeros en unirse Ganarán Dinero: A menudo se afirma que solo los fundadores o los primeros en unirse a una red de mercadeo tienen la oportunidad de ganar dinero. Si bien es cierto que los pioneros pueden disfrutar de ventajas iniciales, el éxito en las redes de mercadeo no se limita a ellos. Los distribuidores que se unen posteriormente aún pueden construir redes activas y generar ingresos significativos si son comprometidos y eficientes en su trabajo.

Mito 3: Las Redes de Mercadeo Son Un "Esquema Rico Rápido": Las redes de mercadeo no son un atajo para hacerse rico rápidamente. Tener éxito en este campo requiere tiempo, esfuerzo y dedicación. Construir una red sólida y generar ingresos significativos lleva tiempo y perseverancia. Aquellos que esperan resultados instantáneos a menudo se decepcionan.

Mito 4: Solo las Personas con Habilidades de Ventas Pueden Tener Éxito: Aunque las habilidades de ventas pueden ser útiles, no son un requisito absoluto para tener éxito en las redes de mercadeo. Muchas empresas de MLM brindan capacitación y herramientas para ayudar a los distribuidores a desarrollar habilidades de ventas efectivas. Además, el enfoque en el reclutamiento y la formación de equipos puede permitir que las personas con diversas habilidades contribuyan al éxito del negocio.

Mito 5: Todos los MLM Son Iguales: No todos los MLM son iguales. Cada empresa de redes de mercadeo tiene su propio producto o servicio, estructura de compensación y cultura empresarial. Es importante investigar y evaluar cuidadosamente cada oportunidad antes de unirse. Algunas empresas pueden ser más adecuadas para ciertas personas en función de sus intereses y objetivos.

Mito 6: Debes Comprar Grandes Cantidades de Inventario: En muchos MLM, no es necesario comprar grandes cantidades de inventario para comenzar o tener éxito. Por lo general, se recomienda comprar un kit de inicio o un producto inicial, pero no se requiere una inversión significativa en inventario. Además, la mayoría de las empresas de MLM ofrecen opciones de compra flexibles.

Mito 7: Todas las Redes de Mercadeo Son Ilegales o Estafas: Aunque existen estafas y esquemas piramidales ilegales que se hacen pasar por redes de mercadeo, muchas empresas de MLM son legítimas y operan de manera ética. Estas empresas cumplen con las regulaciones legales y se centran en la venta de productos o servicios genuinos. La clave es investigar cuidadosamente y verificar la legitimidad de la empresa antes de unirse.

Mito 8: Solo los que Están en la Parte Superior Ganan Dinero: Si bien los líderes de una red de mercadeo suelen ganar más dinero debido a su estructura de comisiones más amplia, eso no significa que solo ellos tengan éxito. Los distribuidores en niveles inferiores también pueden generar ingresos significativos a medida que construyen sus redes y realizan ventas.

Además, los líderes a menudo tienen un interés en ayudar a su equipo a tener éxito, ya que ganan comisiones de las ventas de su línea descendente.

Mito 9: No Puedes Tener Éxito en Redes de Mercadeo sin Incomodar a Tus Amigos y Familiares: Aunque es común que los nuevos distribuidores se acerquen a amigos y familiares para iniciar sus negocios, no es necesario que incomoden a sus seres queridos. Una parte fundamental del entrenamiento en redes de mercadeo es aprender a expandir la red de contactos y llegar a personas interesadas en los productos o servicios de la empresa. Con las estrategias adecuadas, es posible generar clientes y reclutas sin presionar a amigos y familiares.

Mito 10: Las Redes de Mercadeo Son Ilegales en Todos los Países: Las redes de mercadeo son legales en muchos países, pero las regulaciones y normativas pueden variar. Es importante verificar las leyes locales y entender las regulaciones en su área antes de unirse a una empresa de MLM. Además, muchas empresas de redes de mercadeo trabajan en estrecha colaboración con las autoridades para garantizar que cumplan con todas las leyes y regulaciones aplicables.

Mito 11: Todos los Distribuidores Tienen Éxito: No todos los distribuidores en una red de mercadeo alcanzan el éxito financiero. El éxito en este campo depende en gran medida del esfuerzo, la dedicación y las habilidades individuales. Algunas personas pueden no estar dispuestas o capacitadas para construir y mantener una red activa.

Mito 12: Las Empresas de MLM No Tienen Productos de Calidad: Si bien ha habido casos de empresas de MLM que han ofrecido productos de baja calidad, muchas empresas legítimas ofrecen productos de alta calidad respaldados por investigación y desarrollo sólidos. Es importante investigar y evaluar la calidad de los productos antes de unirse a una empresa de MLM.

Mito 13: El Éxito en MLM es Aleatorio y No Puede Ser Planificado: Si bien hay elementos impredecibles en cualquier negocio, el éxito en las redes de mercadeo puede planificarse y estrategiarse. Los distribuidores exitosos a menudo tienen un plan de negocios, establecen metas claras y trabajan de manera consistente para lograr esas metas.

Mito 14: Solo se Gana Dinero con el Reclutamiento, no con las Ventas de Productos: Aunque el reclutamiento puede ser una parte importante de las redes de mercadeo, las ventas de productos o servicios reales son esenciales para el éxito a largo plazo. Las empresas de MLM legítimas ponen un fuerte énfasis en la venta de productos y servicios de calidad, y las comisiones se generan tanto por las ventas personales como por las ventas de la línea descendente.

Mito 15: No Puedes Dejar una Red de Mercadeo una Vez que Te Unes: La mayoría de las empresas de redes de mercadeo permiten a los distribuidores abandonar la red en cualquier momento sin penalización. Aunque puede haber políticas y procedimientos específicos para hacerlo, no estás obligado a quedarte en una red de mercadeo si decides que no es adecuada para ti.

Conclusión

En resumen, las redes de mercadeo tienen sus mitos y realidades. Es importante abordar estas creencias con información precisa y una comprensión clara de cómo funcionan las redes de mercadeo legítimas. Si bien hay desafíos y barreras en este campo, también existen oportunidades reales de generar ingresos y construir un negocio exitoso si se aborda de manera ética y estratégica. Investigar cuidadosamente las empresas y comprender los aspectos legales y regulatorios locales es esencial antes de unirse a una red de mercadeo.

Capítulo 2

Identificar tu Nicho y Producto

Cómo elegir un producto o servicio para promocionar.

La elección de un producto o servicio adecuado es un paso fundamental en el éxito de tu negocio en redes de mercadeo. Aquí te proporcionaré una guía detallada sobre cómo tomar esta decisión de manera efectiva.

Paso 1: Comprende tus Intereses y Pasiones

El primer paso para elegir un producto o servicio para promocionar en las redes de mercadeo es reflexionar sobre tus propios intereses y pasiones. Pregúntate a ti mismo qué te apasiona y qué productos o servicios te entusiasman. Trabajar en un nicho que te interesa personalmente te motivará y te ayudará a mantener tu compromiso a largo plazo.

Paso 2: Investiga las Tendencias del Mercado

Una vez que tengas una idea general de tus intereses, es importante investigar las tendencias del mercado. Pregúntate si hay una demanda creciente o sostenida para el tipo de producto o servicio que te gustaría promocionar. Puedes utilizar herramientas de investigación de mercado, como Google Trends, para analizar la popularidad de ciertas categorías o productos en línea.

Paso 3: Evalúa la Competencia

La competencia en tu nicho de mercado es un factor crucial a considerar. Investiga quiénes son tus competidores directos y cómo están promocionando sus productos o servicios. Analiza qué estrategias de marketing utilizan y si hay espacio para que te diferencies de ellos.

Paso 4: Considera la Calidad del Producto o Servicio

La calidad del producto o servicio que planeas promocionar es esencial. Busca productos o servicios que sean confiables y de alta calidad. Investiga las opiniones de los clientes y las reseñas en línea para obtener una idea de la satisfacción del cliente.

Paso 5: Analiza la Comisión y la Estructura de Compensación

Cada empresa de redes de mercadeo tiene su propia estructura de compensación, que determina cómo se pagan las comisiones a los distribuidores. Comprende cómo funciona la estructura de compensación de la empresa que estás considerando. ¿Ofrecen comisiones justas y atractivas por las ventas? ¿Hay bonificaciones adicionales por reclutamiento y liderazgo?

Paso 6: Investiga la Empresa y su Historial

Investigar la empresa detrás del producto o servicio es crucial. Asegúrate de que la empresa sea legítima y esté bien establecida. Investiga su historial, tiempo en el mercado y su reputación. Evita involucrarte con empresas que tengan problemas legales o hayan estado involucradas en escándalos.

Paso 7: Evalúa la Demanda del Mercado Local

Si planeas promocionar tu producto o servicio principalmente en un mercado local, investiga la demanda y las necesidades específicas de tu área. ¿Existe una demanda real para lo que ofreces en tu comunidad local? ¿Cómo se compara con la demanda a nivel nacional o global?

Paso 8: Verifica la Sostenibilidad a Largo Plazo

Es importante pensar en la sostenibilidad a largo plazo de tu negocio en redes de mercadeo. Considera si el producto o servicio que planeas promocionar tiene un ciclo de vida prolongado o si es una tendencia pasajera. Busca oportunidades que te permitan construir un negocio a largo plazo.

Paso 9: Analiza la Compatibilidad con tu Público Objetivo

Tu elección de producto o servicio debe ser compatible con tu público objetivo. Si planeas promocionar en un nicho específico, asegúrate de que el producto o servicio resuelva un problema o satisfaga una necesidad de ese público. Conoce a tu audiencia y adapta tu elección en consecuencia.

Paso 10: Considera la Capacitación y el Apoyo de la Empresa

Algunas empresas de redes de mercadeo brindan capacitación y apoyo a sus distribuidores. Evalúa qué tipo de recursos y herramientas proporciona la empresa para ayudarte a tener éxito en la promoción del producto o servicio. Una empresa que ofrezca capacitación y soporte sólidos puede ser una ventaja significativa.

Paso 11: Examina los Costos de Inicio y Mantenimiento

Es importante comprender los costos asociados con la promoción del producto o servicio. ¿Cuál es la inversión inicial requerida para unirte a la empresa? ¿Existen costos recurrentes, como tarifas de membresía o gastos operativos? Asegúrate de que los costos sean razonables y estén dentro de tu presupuesto.

Paso 12: Habla con Distribuidores Existentes

Una excelente manera de obtener información sobre la empresa y el producto o servicio es hablar con distribuidores existentes. Pregunta sobre su experiencia, los desafíos que han enfrentado y su éxito en la promoción del producto. Escuchar sus perspectivas puede proporcionarte una visión más completa.

Paso 13: Considera la Regulación Legal

Las redes de mercadeo están sujetas a regulaciones legales en muchos países. Verifica si la empresa y el producto o servicio cumplen con todas las leyes y regulaciones aplicables en tu área. No te involucres en actividades que puedan ser consideradas ilegales o cuestionables desde el punto de vista legal.

Paso 14: Reflexiona sobre tu Capacidad para Promocionar el Producto o Servicio

Finalmente, reflexiona sobre tu propia capacidad para promocionar el producto o servicio. ¿Tienes las habilidades y la experiencia necesarias para comercializar eficazmente este producto? ¿Puedes identificarte con él y comunicar sus beneficios de manera convincente?

En conclusión, la elección de un producto o servicio para promocionar en las redes de mercadeo es una decisión crucial que requiere una investigación cuidadosa y una comprensión profunda de tus intereses, tu público objetivo y las oportunidades de mercado. Al seguir estos pasos y considerar todas las variables relevantes, puedes tomar una decisión informada que te coloque en el camino hacia el éxito en tu negocio de redes de mercadeo.

Investigación de mercado y análisis de competencia.

Estas son dos actividades esenciales para identificar oportunidades, comprender a tu audiencia y desarrollar estrategias efectivas en este campo altamente competitivo.

Investigación de Mercado en Redes de Mercadeo

La investigación de mercado en redes de mercadeo es un proceso fundamental para comprender la demanda del mercado y la viabilidad de los productos o servicios que planeas promocionar. Aquí hay una guía detallada para llevar a cabo una investigación de mercado efectiva:

Paso 1: Define tus Objetivos de Investigación

Antes de comenzar cualquier investigación de mercado, debes establecer objetivos claros. Pregúntate qué información específica estás buscando. Por ejemplo, podrías querer conocer la demanda de un producto en particular, el tamaño del mercado en tu área geográfica o las tendencias de consumo en tu nicho.

Paso 2: Identifica tu Público Objetivo

Comprende quiénes son tus clientes ideales en las redes de mercadeo. Define sus características demográficas, intereses, necesidades y problemas. Esto te ayudará a enfocar tu investigación en la audiencia adecuada.

Paso 3: Realiza Investigación Primaria

La investigación primaria implica recopilar datos directamente de fuentes originales. Aquí hay algunas formas de llevar a cabo investigaciones primarias en redes de mercadeo:

Encuestas: Diseña encuestas dirigidas a tu público objetivo para recopilar información sobre sus preferencias y necesidades.

Entrevistas: Realiza entrevistas uno a uno o en grupo con personas de tu audiencia para obtener perspectivas más detalladas.

Grupos de Enfoque: Organiza grupos de enfoque con participantes representativos de tu audiencia para discutir temas relevantes.

Paso 4: Realiza Investigación Secundaria

La investigación secundaria implica recopilar datos existentes de fuentes públicas y privadas. Aquí hay algunas fuentes de investigación secundaria en redes de mercadeo:

Estudios de mercado previos: Busca estudios de mercado y análisis de la industria que puedan proporcionarte información relevante sobre tu nicho.

Información en línea: Examina recursos en línea, como blogs, foros y redes sociales, para comprender las conversaciones y opiniones de los consumidores en tu industria.

Datos de la empresa: Si estás asociado con una empresa de redes de mercadeo, utiliza los datos y la información que proporciona la empresa para comprender sus productos y su mercado.

Paso 5: Analiza los Datos Recopilados

Una vez que hayas recopilado datos tanto de investigaciones primarias como secundarias, analízalos cuidadosamente. Busca patrones, tendencias y oportunidades que puedan ser relevantes para tu negocio en redes de mercadeo. Organiza la información de manera clara y utiliza gráficos y tablas si es necesario para visualizar los resultados.

Paso 6: Evalúa la Demanda del Mercado

Uno de los aspectos más críticos de la investigación de mercado en redes de mercadeo es evaluar la demanda del mercado para los productos o servicios que planeas promocionar. ¿Existe una demanda real y sostenida para lo que estás ofreciendo? ¿Hay un mercado objetivo dispuesto a comprar?

Paso 7: Estudia las Tendencias del Mercado

Las tendencias del mercado pueden ser un indicador importante de oportunidades futuras. Investiga las tendencias actuales y previstas en tu industria. Por ejemplo, considera cómo la tecnología, la economía o los cambios sociales pueden influir en la demanda de tu producto o servicio.

Análisis de Competencia en Redes de Mercadeo

El análisis de competencia en redes de mercadeo te ayuda a comprender quiénes son tus competidores directos y cómo puedes diferenciarte de ellos. Aquí está una guía detallada sobre cómo realizar un análisis de competencia efectivo:

Paso 1: Identifica a tus Competidores

Comienza por identificar a tus competidores en el mundo de las redes de mercadeo. Estos pueden ser otros distribuidores que promocionan productos o servicios similares o empresas de MLM que operan en tu nicho de mercado. Investiga quiénes son y qué están ofreciendo.

Paso 2: Analiza sus Productos o Servicios

Examina en detalle los productos o servicios que tus competidores están promocionando. Evalúa su calidad, características únicas y beneficios para los clientes. Comprende cómo se comparan con lo que tú planeas ofrecer.

Paso 3: Estudia su Estructura de Compensación

La estructura de compensación en redes de mercadeo puede ser un factor importante. Comprende cómo tus competidores recompensan a sus distribuidores por ventas y reclutamiento. Esto puede influir en cómo presentas tu propia oportunidad a los posibles reclutas.

Paso 4: Investiga sus Estrategias de Marketing

Analiza las estrategias de marketing que utilizan tus competidores en redes de mercadeo. ¿Dónde y cómo promocionan sus productos o servicios? Observa sus tácticas en línea y fuera de línea, como publicidad en redes sociales, marketing por correo electrónico y eventos en persona.

Paso 5: Examina su Presencia en Línea

La presencia en línea es esencial en el mundo actual de las redes de mercadeo. Investiga la presencia en línea de tus competidores. ¿Tienen un sitio web efectivo? ¿Están activos en las redes sociales? ¿Cómo interactúan con sus seguidores y clientes en línea?

Paso 6: Evalúa su Reputación y Opiniones de Clientes

La reputación es un activo valioso en redes de mercadeo. Busca reseñas y opiniones de clientes sobre los productos o servicios de tus competidores. ¿Tienen una buena reputación entre los consumidores? ¿Qué dicen los clientes sobre sus experiencias?

Paso 7: Analiza su Enfoque de Liderazgo y Entrenamiento

Si estás considerando unirte a una empresa de MLM en competencia con otros distribuidores, evalúa cómo tus competidores abordan el liderazgo y el entrenamiento de su equipo. ¿Ofrecen un sólido programa de capacitación y desarrollo de liderazgo para sus distribuidores?

Paso 8: Identifica Oportunidades de Diferenciación

Basándote en tu análisis de competencia, busca oportunidades para diferenciarte. ¿Qué puedes ofrecer que sea único o superior a lo que ofrecen tus competidores? Esto podría incluir un enfoque particular en el servicio al cliente, una estrategia de marketing innovadora o una sólida red de apoyo para tu equipo.

Paso 9: Diseña tu Estrategia de Marketing y Ventas

Utiliza los conocimientos adquiridos de tu investigación de mercado y análisis de competencia para diseñar una estrategia de marketing y ventas sólida. Aprovecha tus fortalezas y oportunidades de diferenciación para atraer a tu audiencia y ganar una ventaja competitiva.

Paso 10: Monitorea y Ajusta Continuamente

El mercado y la competencia en redes de mercadeo pueden cambiar con el tiempo. Es fundamental que continúes monitoreando el entorno empresarial y ajustando tu estrategia en consecuencia. Mantén un ojo en las tendencias, las estrategias de competencia y las necesidades cambiantes de tu audiencia.

En resumen, la investigación de mercado y el análisis de competencia son procesos esenciales para el éxito en las redes de mercadeo. Te proporcionan información valiosa para tomar decisiones informadas, diseñar estrategias efectivas y destacarte en un mercado altamente competitivo. Al invertir tiempo y esfuerzo en estas actividades, estarás mejor preparado para construir un negocio sólido y exitoso en el mundo de las redes de mercadeo.

Definir tu nicho de mercado.

Definir tu nicho de mercado en las redes de mercadeo es un paso fundamental para el éxito en este campo altamente competitivo. Un nicho bien definido te permite concentrar tus esfuerzos en un público objetivo específico, lo que facilita la promoción de productos o servicios y la construcción de relaciones sólidas con tus clientes y distribuidores. A continuación, te proporcionaré una guía detallada sobre cómo definir tu nicho de mercado en las redes de mercadeo.

¿Qué es un Nicho de Mercado en Redes de Mercadeo?

Un nicho de mercado en el contexto de las redes de mercadeo se refiere a un grupo específico de personas que tienen necesidades, intereses o características comunes y que son susceptibles de estar interesadas en los productos o servicios que tú o tu empresa de MLM promocionan. Estos nichos pueden variar ampliamente y pueden incluir desde personas interesadas en productos de salud y bienestar hasta amantes de la belleza y el cuidado personal, pasando por entusiastas de la tecnología o aficionados al fitness.

Paso 1: Identifica tus Intereses y Pasiones

La primera etapa en la definición de tu nicho de mercado es reflexionar sobre tus propios intereses y pasiones. Pregúntate a ti mismo qué temas o áreas te apasionan y en las que te sientas cómodo trabajando. Tu entusiasmo y conocimiento personal serán recursos valiosos para conectar con tu nicho de mercado.

Paso 2: Investiga tus Fortalezas y Experiencia

Considera tus fortalezas y experiencia en diferentes áreas. ¿Tienes habilidades o conocimientos particulares que podrían ser valiosos para un grupo específico de personas? Por ejemplo, si tienes experiencia en nutrición, podrías enfocarte en un nicho relacionado con la salud y el bienestar.

Paso 3: Analiza tu Público Actual

Si ya tienes una red de contactos o distribuidores en las redes de mercadeo, analiza quiénes son y qué intereses tienen. Tus contactos actuales pueden ofrecer pistas sobre posibles nichos de mercado que podrían estar interesados en tus productos o servicios.

Paso 4: Investiga las Tendencias del Mercado

La investigación de las tendencias del mercado es esencial para identificar oportunidades de nicho. Utiliza herramientas como Google Trends, análisis de palabras clave y redes sociales para comprender qué temas están en auge y qué términos son populares en tu industria.

Paso 5: Define tu Audiencia Objetivo

Una vez que hayas identificado tus intereses, fortalezas y posibles oportunidades de nicho, comienza a definir tu audiencia objetivo. Esto implica crear un perfil detallado de tu cliente ideal, incluyendo características demográficas como edad, género, ubicación geográfica, ingresos y estado civil.

Paso 6: Analiza a tu Competencia

Observa a tus competidores en el mundo de las redes de mercadeo. ¿Qué nichos de mercado están atendiendo? ¿Qué productos o servicios promocionan? Analiza cómo se están posicionando y cómo están interactuando con su audiencia. Esto puede ofrecerte información valiosa sobre áreas de oportunidad.

Paso 7: Evalúa la Demanda del Mercado

Una vez que hayas definido tu audiencia objetivo, investiga la demanda del mercado en relación con tu nicho. ¿Existe una demanda real y sostenida para los productos o servicios que planeas promocionar dentro de tu nicho? Utiliza herramientas de investigación de mercado para recopilar datos y estadísticas relevantes.

Paso 8: Identifica los Problemas y Necesidades de tu Nicho

Para conectarte con tu nicho de mercado de manera efectiva, es esencial comprender sus problemas y necesidades. Realiza encuestas, entrevistas o grupos de enfoque para obtener información directa de las personas dentro de tu nicho. Descubre cuáles son los desafíos que enfrentan y cómo tus productos o servicios pueden resolverlos.

Paso 9: Define tu Propuesta de Valor Único

Con base en tu investigación, trabaja en la definición de tu Propuesta de Valor Único (Unique Value Proposition, UVP). Tu UVP es lo que te diferencia de la competencia y lo que hace que tu oferta sea atractiva para tu nicho de mercado. Debe destacar los beneficios clave que proporcionas y cómo resuelves los problemas o satisfaces las necesidades de tu audiencia.

Paso 10: Prueba y Ajusta

Una vez que hayas definido tu nicho de mercado, es importante probar tu enfoque y ajustarlo según sea necesario. Comienza a interactuar con tu audiencia a través de las redes sociales, tu sitio web o eventos en persona. Escucha su retroalimentación y realiza ajustes en tu estrategia según sea necesario para mejorar tu conexión con tu nicho.

Ejemplos de Nichos de Mercado en Redes de Mercadeo

Para brindarte una idea más concreta, aquí hay algunos ejemplos de nichos de mercado en redes de mercadeo:

Salud y Bienestar: Un nicho centrado en productos relacionados con la salud, la pérdida de peso, la nutrición y el bienestar.

Belleza y Cuidado Personal: Un nicho que se enfoca en productos de belleza, cuidado de la piel, maquillaje y cuidado capilar.

Tecnología y Gadgets: Un nicho orientado a productos tecnológicos, dispositivos electrónicos y accesorios.

Estilo de Vida Activo: Un nicho que se centra en productos para el fitness, la actividad al aire libre y la vida activa.

Hogar y Decoración: Un nicho que promociona productos para el hogar, decoración, organización y mejoras del hogar.

Emprendimiento y Desarrollo Personal: Un nicho que se enfoca en el desarrollo personal, la educación y las oportunidades de emprendimiento.

Conclusión

Definir tu nicho de mercado en las redes de mercadeo es un proceso esencial para el éxito en este campo. Al identificar tus intereses, investigar a fondo a tu audiencia y analizar la competencia, puedes crear una estrategia sólida que te permita conectar de manera efectiva con tu nicho y construir un negocio exitoso en las redes de mercadeo. Recuerda que la investigación continua y la adaptación son clave a medida que evoluciona tu negocio.

Capítulo 3

Construir tu Equipo

Estrategias para conseguir los primeros miembros de tu red.

Comenzar con los primeros miembros es crucial para construir una red sólida. Aquí tienes una guía detallada:

Paso 1: Comprende tu Oportunidad de Negocio

Antes de intentar reclutar a alguien, asegúrate de tener un profundo entendimiento de tu oportunidad de negocio en redes de mercadeo. Esto incluye conocer los productos o servicios que promocionas, la estructura de compensación, los beneficios y cómo funciona el modelo de negocio en general.

Paso 2: Identifica tu Público Objetivo

Define quiénes son las personas que más podrían estar interesadas en unirse a tu red de mercadeo. Esto puede incluir amigos, familiares, colegas, conocidos y contactos en tus redes sociales. Identifica sus características demográficas y sus intereses para tener una comprensión más clara de tu público objetivo.

Paso 3: Crea una Lista de Prospectos

Elabora una lista de personas que podrían ser candidatas para unirse a tu red. Incluye amigos, familiares, ex compañeros de trabajo, vecinos y cualquier persona con la que tengas una relación existente. Esta lista te servirá como punto de partida.

Paso 4: Practica tu Elevator Pitch

Desarrolla un discurso breve y convincente que explique tu oportunidad de negocio en redes de mercadeo de manera clara y atractiva. Tu "elevator pitch" debe ser capaz de captar la atención de tus prospectos en pocos segundos y despertar su interés.

Paso 5: Establece Conexiones Personales

Antes de hablar sobre tu negocio, establece una conexión personal con tus prospectos. Haz preguntas sobre sus vidas, escucha sus preocupaciones y muestra un genuino interés en sus necesidades. Esto te ayudará a construir relaciones más sólidas.

Paso 6: Organiza Reuniones Informativas

Invita a tus prospectos a reuniones informativas o presentaciones sobre tu oportunidad de negocio. Estas reuniones pueden ser en persona o en línea, dependiendo de las circunstancias. Prepara una presentación efectiva que destaque los beneficios de unirse a tu red.

Paso 7: Ofrece Pruebas de Producto

Si tu negocio implica la venta de productos, ofrece muestras o demostraciones gratuitas a tus prospectos. Esto les permitirá experimentar directamente lo que estás promocionando y entender mejor su valor.

Paso 8: Presenta los Beneficios

Cuando hables sobre tu oportunidad de negocio, enfócate en los beneficios que ofrece. Esto puede incluir ingresos adicionales, flexibilidad horaria, crecimiento personal y profesional, entre otros. Haz que tus prospectos visualicen cómo su vida podría mejorar al unirse a tu red.

Paso 9: Responde a las Preguntas y Objecciones

Es probable que tus prospectos tengan preguntas y objeciones. Prepárate para responder con información precisa y convincente. Aborda sus preocupaciones de manera profesional y ofrece ejemplos de éxito dentro de tu red.

Paso 10: Realiza Llamadas de Seguimiento

Después de tu reunión informativa o presentación, realiza llamadas de seguimiento para recoger la retroalimentación de tus prospectos y responder a cualquier pregunta adicional. El seguimiento es esencial para mantener el interés y la confianza.

Paso 11: Utiliza las Redes Sociales

Aprovecha las redes sociales para promover tu oportunidad de negocio. Comparte contenido relevante, testimoniales de éxito y eventos relacionados con tu empresa. Interactúa con tus contactos y grupos en línea para ampliar tu alcance.

Paso 12: Participa en Eventos y Ferias Comerciales

Asiste a eventos y ferias comerciales relacionados con tu industria. Estos eventos son excelentes oportunidades para conocer a posibles candidatos interesados en tu negocio y establecer conexiones cara a cara.

Paso 13: Ofrece Programas de Incentivos

Considera ofrecer programas de incentivos para atraer nuevos miembros. Esto podría incluir bonificaciones por reclutamiento exitoso o descuentos en productos para nuevos distribuidores.

Paso 14: Utiliza el Marketing en Línea

Aprovecha el marketing en línea para llegar a un público más amplio. Crea un sitio web o blog relacionado con tu negocio, utiliza estrategias de marketing por correo electrónico y publica contenido valioso en tus redes sociales para atraer leads.

Paso 15: Colabora con Otros Distribuidores

Colabora con otros distribuidores de tu empresa de redes de mercadeo. Juntos, pueden organizar eventos conjuntos, compartir estrategias exitosas y apoyarse mutuamente en el reclutamiento.

Paso 16: Sé Persistente y Paciente

El reclutamiento en redes de mercadeo puede llevar tiempo. Sé persistente y paciente. No te desanimes ante el rechazo y sigue trabajando en la construcción de relaciones y la expansión de tu red.

Paso 17: Capacítate Constantemente

Invierte en tu propio desarrollo profesional. Participa en capacitaciones, lee libros sobre ventas y redes de mercadeo, y mantente actualizado sobre las tendencias y novedades en tu industria.

Paso 18: Celebra el Éxito de tus Miembros

Cuando logres que nuevos miembros se unan a tu red, celebra su éxito y reconoce sus logros. Esto fortalecerá la moral de tu equipo y motivará a otros a unirse.

Paso 19: Mantén la Comunicación y el Apoyo

Una vez que tengas a los primeros miembros en tu red, mantén una comunicación constante y ofrece apoyo. Ayúdalos a desarrollar sus habilidades y a alcanzar sus metas en el negocio.

Paso 20: Repite el Proceso

Una vez que hayas conseguido tus primeros miembros, repite el proceso de reclutamiento para seguir expandiendo tu red de mercadeo. Cuantos más miembros reclutes y capacites, más sólida será tu red.

En resumen, conseguir los primeros miembros de tu red de mercadeo requiere un enfoque estratégico, paciencia y habilidades de comunicación efectivas. Al seguir estos pasos y estar dispuesto a aprender y adaptarte, podrás construir una red sólida y exitosa en las redes de mercadeo. Recuerda que el reclutamiento es una parte fundamental, pero también debes mantener una relación sólida y de apoyo con tus miembros existentes para un crecimiento s

Cómo presentar la oportunidad a nuevos prospectos.

Presentar la oportunidad a nuevos prospectos en tu red de mercadeo es un paso crítico para el crecimiento de tu equipo y la expansión de tu negocio. La forma en que presentas la oportunidad puede marcar la diferencia entre el éxito y el fracaso en el reclutamiento. Aquí te proporcionaré una guía detallada sobre cómo presentar la oportunidad de manera efectiva:

Paso 1: Establece una Relación de Confianza

Antes de presentar la oportunidad, es esencial establecer una relación de confianza con tu prospecto. Esto se logra a través de la comunicación efectiva y la construcción de una conexión personal. Comienza por hacer preguntas y escuchar atentamente sus necesidades y deseos. Muestra interés genuino en su éxito y bienestar.

Paso 2: Comprende las Necesidades y Metas del Prospecto

Antes de presentar la oportunidad, es fundamental comprender las necesidades, metas y deseos específicos de tu prospecto. ¿Qué está buscando en una oportunidad de negocio? ¿Cuáles son sus metas financieras y personales? Esta información te ayudará a adaptar tu presentación para que sea relevante para su situación.

Paso 3: Prepara una Presentación Personalizada

Cada prospecto es único, por lo que tu presentación debe ser personalizada. Utiliza la información que has recopilado sobre las necesidades y metas del prospecto para adaptar tu mensaje. Destaca cómo la oportunidad de tu red de mercadeo puede ayudar a alcanzar sus objetivos específicos.

Paso 4: Conoce los Detalles de tu Negocio

Antes de presentar la oportunidad, asegúrate de conocer todos los detalles de tu negocio de redes de mercadeo. Esto incluye los productos o servicios que promocionas, la estructura de compensación, las políticas de la empresa y cualquier otro aspecto relevante. La confianza se construye a través del conocimiento.

Paso 5: Presenta Beneficios Claros y Tangibles

Cuando presentes la oportunidad, enfócate en los beneficios claros y tangibles que ofrece. ¿Cómo puede ayudar a tu prospecto a mejorar su vida? ¿Qué ventajas financieras y personales puede obtener? Resalta aspectos como ingresos adicionales, flexibilidad de horario, crecimiento personal y desarrollo profesional.

Paso 6: Utiliza Historias de Éxito y Testimoniales

Las historias de éxito y los testimonios son poderosas herramientas de persuasión. Comparte ejemplos de personas dentro de tu red de mercadeo que han alcanzado el éxito. Esto ayuda a que tu prospecto visualice lo que es posible y refuerza la credibilidad de la oportunidad.

Paso 7: Responde a Preguntas y Objecciones

Es probable que tu prospecto tenga preguntas y objeciones. Prepárate para responder de manera profesional y persuasiva. Aborda sus preocupaciones con información sólida y ejemplos concretos. No evites las objeciones; véalas como oportunidades para aclarar y educar.

Paso 8: Utiliza Herramientas Visuales

A menudo, las herramientas visuales, como presentaciones en PowerPoint o videos explicativos, pueden ser efectivas para presentar la oportunidad. Estas herramientas pueden ayudar a transmitir información de manera clara y concisa. Asegúrate de que cualquier material visual sea profesional y fácil de entender.

Paso 9: Destaca la Capacitación y el Apoyo

Además de los beneficios financieros, resalta la capacitación y el apoyo que brindas a tus nuevos miembros. Explica cómo tu equipo y tu empresa de redes de mercadeo ofrecen recursos para ayudar a los distribuidores a tener éxito. Esto muestra que estás comprometido con su desarrollo.

Paso 10: Ofrece un Seguimiento Personalizado

Después de presentar la oportunidad, ofrece un seguimiento personalizado. Pregunta a tu prospecto cómo se siente y si tiene alguna pregunta adicional. Proporciona material adicional si es necesario y establece un plan para futuras interacciones.

Paso 11: No Hagas Promesas Irrealizables

Es importante ser honesto y realista en tu presentación. Evita hacer promesas irrealizables o exageradas sobre los ingresos o los resultados. La credibilidad y la confianza se mantienen a través de la honestidad y la transparencia.

Paso 12: No Presiones ni Persigas a tus Prospectos

Si un prospecto no muestra interés o no está listo para unirse, no lo presiones ni lo persigas de manera insistente. El reclutamiento debe ser una decisión voluntaria. Mantén una actitud profesional y dispuesta a seguir interactuando sin presión.

Paso 13: Establece un Sistema de Seguimiento

Después de presentar la oportunidad, establece un sistema de seguimiento para mantener una comunicación constante con tus prospectos. Utiliza el correo electrónico, las llamadas telefónicas o las redes sociales para mantenerlos informados sobre eventos, noticias y testimonios de éxito.

Paso 14: Celebra el Éxito de los Nuevos Miembros

Cuando un nuevo miembro se una a tu red, celebra su éxito y reconoce sus logros. Esto refuerza la moral y motiva a otros prospectos a unirse.

Paso 15: Aprende de la Experiencia

Después de presentar la oportunidad a múltiples prospectos, analiza tus resultados y aprende de la experiencia. Ajusta tu enfoque y estrategia según lo que funcione mejor para atraer y reclutar nuevos miembros.

Paso 16: Continúa Capacitándote

El proceso de presentar la oportunidad es una habilidad que puede mejorarse con la práctica y la capacitación continua. Investiga en tu desarrollo personal y en mejorar tus habilidades de presentación.

En resumen, presentar la oportunidad a nuevos prospectos en tu red de mercadeo requiere un enfoque personalizado, una comunicación efectiva y la capacidad de transmitir los beneficios de manera convincente. A medida que desarrolles estas habilidades y adaptes tu enfoque a las necesidades individuales de tus prospectos, estarás mejor preparado para construir un equipo sólido y exitoso en las redes de mercadeo. Recuerda que la paciencia y la persistencia son clave, ya que el reclutamiento puede llevar tiempo y esfuerzo.

Técnicas de reclutamiento efectivas.

El reclutamiento efectivo es uno de los pilares fundamentales para el éxito en las redes de mercadeo. Construir un equipo sólido y comprometido es esencial para el crecimiento de tu negocio. Aquí te proporcionaré una guía detallada sobre técnicas de reclutamiento efectivas para tu red de mercadeo:

1. Comprende la Psicología del Reclutamiento

Antes de sumergirte en las técnicas específicas, es importante comprender la psicología del reclutamiento. Reconoce que el proceso de reclutamiento implica persuasión y comunicación efectiva. Debes ser capaz de conectar con las necesidades, deseos y motivaciones de tus prospectos.

2. Define tu Perfil Ideal de Distribuidor

El primer paso es definir el perfil ideal de distribuidor para tu equipo. ¿Qué características valoras en un miembro de tu red? Establece criterios claros, como la motivación, la dedicación y la capacidad de trabajo en equipo. Esto te ayudará a enfocar tus esfuerzos en reclutar a personas que se ajusten a tu visión.

3. Construye tu Marca Personal

Tu marca personal desempeña un papel crucial en el reclutamiento. Crea una imagen auténtica y profesional en línea y fuera de línea. Tu reputación y credibilidad serán factores determinantes para atraer a nuevos miembros.

4. Utiliza el Marketing de Atracción

El marketing de atracción consiste en atraer prospectos interesados en tu oportunidad en lugar de perseguirlos activamente. Crea contenido valioso y educativo relacionado con tu industria y negocio. Esto puede ser a través de blogs, videos, podcasts o redes sociales. Cuando las personas encuentren valor en tu contenido, estarán más dispuestas a considerar tu oportunidad.

5. Organiza Eventos de Reclutamiento

Organiza eventos específicos para reclutamiento, como presentaciones en línea o en persona. Durante estos eventos, destaca los beneficios de unirse a tu equipo, muestra ejemplos de éxito y responde preguntas. Los eventos brindan una oportunidad efectiva para interactuar directamente con prospectos interesados.

6. Desarrolla Relaciones de Confianza

La confianza es clave en el reclutamiento. Invierte tiempo en construir relaciones sólidas con tus prospectos. Escucha sus inquietudes, muestra empatía y demuestra que estás comprometido con su éxito.

7. Presenta Testimonios de Éxito

Los testimonios de éxito son una poderosa herramienta de reclutamiento. Destaca los logros de los miembros de tu equipo y cómo tu oportunidad ha cambiado sus vidas. Los prospectos a menudo se sienten más atraídos cuando ven ejemplos concretos de personas que han tenido éxito en tu red.

8. Ofrece Incentivos y Bonificaciones

Considera la posibilidad de ofrecer incentivos y bonificaciones a nuevos miembros que se unan a tu equipo. Esto puede incluir descuentos en productos, bonificaciones por reclutamiento exitoso o acceso a capacitación exclusiva. Los incentivos pueden aumentar el atractivo de tu oportunidad.

9. Utiliza el Poder de la Historia Personal

Tu propia historia personal puede ser una herramienta poderosa para el reclutamiento. Comparte cómo te involucraste en las redes de mercadeo, los obstáculos que superaste y cómo has alcanzado tus metas. Una historia auténtica puede inspirar a otros y mostrarles que también pueden lograr el éxito.

10. Participa en Grupos y Comunidades en Línea

Únete a grupos y comunidades en línea relacionados con tu industria y negocio. Participa activamente en conversaciones y comparte tu experiencia. Estas plataformas pueden ser un lugar efectivo para conectar con posibles prospectos interesados.

11. Realiza Entrevistas y Evaluaciones

No todos los prospectos son adecuados para tu equipo. Considera realizar entrevistas y evaluaciones para asegurarte de que los candidatos cumplan con tus criterios de selección. Esto te ayudará a reclutar a personas comprometidas y dispuestas a trabajar en equipo.

12. Enseña a tu Equipo a Reclutar

El reclutamiento no debe recaer únicamente en tus hombros. Enseña a tu equipo las técnicas de reclutamiento efectivas para que puedan contribuir al crecimiento de la red. Capacita a tus miembros en cómo presentar la oportunidad de manera convincente.

13. Establece Objetivos Claros

Define objetivos claros de reclutamiento para ti y tu equipo. Establece metas mensuales o trimestrales y trabaja en conjunto para alcanzarlas. Los objetivos proporcionan dirección y motivación.

14. Fomenta la Persistencia

El reclutamiento puede ser un proceso desafiante, y el rechazo es una parte inevitable. Fomenta la persistencia en ti y en tu equipo. Anima a seguir adelante y aprender de cada experiencia de reclutamiento, ya sea positiva o negativa.

15. Proporciona Capacitación Continua

Una vez que hayas reclutado nuevos miembros, bríndales capacitación continua. Ayúdalos a desarrollar habilidades efectivas de reclutamiento y a comprender la estructura de compensación y las políticas de la empresa.

16. Aprovecha la Tecnología

Utiliza herramientas tecnológicas para facilitar el proceso de reclutamiento. Las plataformas en línea, como sistemas de seguimiento de prospectos y herramientas de presentación en línea, pueden simplificar y automatizar partes del proceso.

17. Sé Auténtico y Transparente

La autenticidad y la transparencia son cruciales en el reclutamiento. Sé honesto sobre lo que tu negocio de redes de mercadeo ofrece y lo que se espera de los nuevos miembros. La sinceridad construye relaciones de confianza a largo plazo.

18. Evalúa y Ajusta tu Estrategia

Regularmente, evalúa la efectividad de tu estrategia de reclutamiento. Si algo no está funcionando, ajusta tu enfoque y busca formas de mejorar. El reclutamiento es un proceso en constante evolución.

19. Celebra los Logros y Reconoce a tu Equipo

Cuando reclutes con éxito nuevos miembros, celebra los logros y reconoce el trabajo duro de tu equipo. Esto refuerza la moral y motiva a todos a seguir reclutando.

20. Construye una Cultura de Equipo

Fomenta una cultura de equipo en tu red de mercadeo. Cuando los miembros sienten que son parte de un equipo unido y de apoyo, están más motivados para reclutar y contribuir al éxito del grupo.

En resumen, el reclutamiento efectivo en las redes de mercadeo requiere estrategia, habilidades de comunicación, paciencia y persistencia. Al implementar estas técnicas de manera consistente y enfocada, podrás construir un equipo sólido y comprometido que contribuirá al crecimiento y éxito de tu negocio en las redes de mercadeo. Recuerda que el reclutamiento es una habilidad que se perfecciona con la práctica y la capacitación continua.

Capítulo 4
Desarrollar tus Habilidades de Liderazgo

Principios de liderazgo en redes de mercadeo.

Dirigir una red de mercadeo exitosa requiere no solo habilidades comerciales y conocimientos sobre productos, sino también un sólido conjunto de principios de liderazgo. Ser un líder efectivo en el mundo del mercadeo en red implica inspirar y guiar a tu equipo hacia el éxito. Aquí te proporcionaré una guía detallada sobre los principios de liderazgo necesarios para dirigir una red de mercadeo:

1. Visión Clara y Compartida

El liderazgo efectivo en redes de mercadeo comienza con una visión clara. Debes tener una comprensión precisa de tus metas y objetivos, así como de la misión de tu empresa. Además, debes ser capaz de comunicar esta visión de manera convincente a tu equipo. Cuando todos en tu red comparten una visión común, se crea un sentido de propósito y dirección.

2. Compromiso con el Desarrollo Personal

El liderazgo exitoso comienza contigo mismo. Debes estar comprometido con tu propio desarrollo personal y profesional. Esto incluye aprender constantemente, mejorar tus habilidades de comunicación, adquirir conocimiento sobre tu industria y ser un ejemplo para tu equipo.

3. Comunicación Abierta y Efectiva

La comunicación es fundamental en el liderazgo de redes de mercadeo. Debes ser un comunicador efectivo, capaz de escuchar a tus miembros y expresar tus ideas y expectativas de manera clara. Fomenta un ambiente de comunicación abierta donde los miembros se sientan cómodos compartiendo sus pensamientos, ideas y preocupaciones.

4. Empatía y Escucha Activa

El liderazgo efectivo implica entender y conectarse con las necesidades y deseos de tu equipo. Practica la empatía al ponerse en el lugar de tus miembros y muestra un interés genuino en sus vidas y objetivos. La escucha activa es crucial; presta atención a lo que dicen y valora sus opiniones.

5. Establecer Objetivos Claros y Medibles

Define objetivos claros y medibles para ti y tu equipo. Estos objetivos deben ser específicos, alcanzables y relevantes. Cuando los miembros tienen metas concretas para trabajar, se sienten más motivados y enfocados en sus actividades.

6. Desarrollo y Capacitación Continua

Proporciona oportunidades de desarrollo y capacitación continua a tu equipo. Ayuda a tus miembros a mejorar sus habilidades y conocimientos. Esto no solo los hace más efectivos en sus roles, sino que también demuestra tu compromiso con su éxito.

7. Delegación Efectiva

Aprende a delegar tareas y responsabilidades de manera efectiva. No puedes hacerlo todo tú solo, y parte de tu papel como líder es permitir que los demás asuman roles y responsabilidades. Delegar adecuadamente también permite que los miembros de tu equipo crezcan y se desarrollen.

8. Motivación y Reconocimiento

Un líder en redes de mercadeo debe ser un motivador efectivo. Reconoce los logros y éxitos de tu equipo, por pequeños que sean. La motivación intrínseca y el reconocimiento externo son poderosos impulsores de la moral y la productividad.

9. Modelar Comportamientos Deseados

Sé un modelo a seguir para tu equipo. Demuestra los comportamientos y valores que deseas que tus miembros adopten. Tu ejemplo tiene un impacto significativo en la cultura de tu red.

10. Resolución de Conflictos

A medida que lideras una red, es probable que surjan conflictos. Aprende a manejarlos de manera efectiva. Escucha a todas las partes involucradas, busca soluciones colaborativas y trabaja para resolver los problemas de manera constructiva.

11. Fomentar el Trabajo en Equipo

El trabajo en equipo es esencial en las redes de mercadeo. Fomenta la colaboración y el apoyo mutuo entre tus miembros. Al construir un equipo cohesionado, aumentas la probabilidad de éxito para todos.

12. Tolerancia a la Adversidad

El liderazgo en redes de mercadeo no está exento de desafíos y obstáculos. Debes ser tolerante a la adversidad y estar dispuesto a enfrentar los contratiempos con resiliencia. Encuentra lecciones en los fracasos y utiliza esos momentos difíciles como oportunidades de crecimiento.

13. Integridad y Ética

La integridad y la ética son fundamentales en el liderazgo. Actúa con honestidad y ética en todas tus interacciones. Tus acciones deben reflejar los valores de tu empresa y tu visión.

14. Adaptabilidad y Flexibilidad

El mundo de los negocios está en constante cambio. Como líder, debes ser adaptable y flexible para ajustarte a las nuevas circunstancias y desafíos. La capacidad de adaptación es esencial para la supervivencia y el crecimiento a largo plazo.

15. Celebrar el Éxito de tu Equipo

Cuando tu equipo logra el éxito, celebra y reconoce sus logros. Esto fortalece la moral y crea un sentido de comunidad y logro compartido.

16. Liderazgo Inspirador

Un líder en redes de mercadeo debe inspirar a su equipo. Inspira a tus miembros compartiendo tu visión, demostrando pasión por lo que haces y mostrando un compromiso inquebrantable con el éxito de tu equipo.

17. Paciencia y Persistencia

La construcción de una red de mercadeo exitosa lleva tiempo. Debes ser paciente y persistente en tu liderazgo. No te desanimes por los reveses y mantén un enfoque a largo plazo.

18. Evaluar y Ajustar Estrategias

Evalúa regularmente tu estrategia de liderazgo y ajusta en función de los resultados y las necesidades cambiantes de tu equipo. El liderazgo efectivo requiere una mentalidad de mejora continua.

19. Trabajar en Colaboración con tu Upline y Downline

Colabora de manera efectiva con tu upline (líderes superiores) y downline (miembros en tu equipo). La colaboración en todas las direcciones fortalece la cohesión de tu red y maximiza las oportunidades de éxito.

20. Celebrar la Diversidad y la Inclusión

Fomenta un ambiente de diversidad e inclusión en tu red. Reconoce y valora las diferencias en experiencia, antecedentes y perspectivas. La diversidad enriquece tu equipo y promueve la innovación.

En resumen, liderar una red de mercadeo exitosa implica un conjunto de principios sólidos que van más allá de las habilidades comerciales y la estrategia. Requiere empatía, comunicación efectiva, integridad y la capacidad de inspirar a otros. Al seguir estos principios, estarás mejor preparado para guiar a tu equipo hacia el éxito en las redes de mercadeo.

Motivación y capacitación de tu equipo.

Mantener la motivación y proporcionar capacitación continua y efectiva a tu equipo en una red de mercadeo es esencial para el éxito a largo plazo. La motivación constante y el desarrollo continuo de habilidades son clave para mantener a tu red comprometida y productiva. Aquí te proporcionaré una guía detallada sobre cómo lograrlo:

1. Motivación Personal

Comencemos con la motivación personal, ya que el liderazgo efectivo comienza contigo mismo. Si no estás motivado y comprometido, será difícil inspirar a tu equipo. Aquí hay algunas estrategias para mantener tu propia motivación:

- **Establece Metas Claras:** Define metas específicas y alcanzables para ti mismo en tu negocio de redes de mercadeo. Las metas te dan un sentido de dirección y propósito.
- **Encuentra Inspiración:** Busca inspiración en historias de éxito, libros, conferencias y personas que admires en la industria. Mantén una mentalidad abierta a nuevas ideas y enfoques.
- **Cuida tu Salud:** Una buena salud física y mental es fundamental para la motivación. Ejercicio regular, una dieta equilibrada y tiempo para el autocuidado son cruciales.
- **Celebra los Logros:** Reconoce tus propios logros, incluso los pequeños. La celebración te motiva a seguir adelante y a mantener una actitud positiva.

2. Comunicación Constante

La comunicación es esencial para mantener a tu red motivada. Establece canales de comunicación efectivos para mantener a tus miembros informados y conectados. Algunos enfoques importantes incluyen:

- **Reuniones Regulares:** Organiza reuniones regulares en línea o en persona con tu equipo. Estas reuniones brindan la oportunidad de compartir noticias, éxitos y estrategias.

- **Boletines y Actualizaciones:** Envía boletines informativos periódicos para mantener a tu equipo al tanto de las novedades, promociones y eventos importantes.
- **Comunicación Individual:** Mantén una comunicación individual con tus miembros para conocer sus necesidades y preocupaciones. La atención personalizada demuestra tu interés genuino en su éxito.
- **Grupos de Chat y Redes Sociales:** Utiliza grupos de chat y redes sociales para mantener a tus miembros conectados y proporcionar un espacio para preguntas y discusiones.

3. Reconocimiento y Celebración

El reconocimiento es una poderosa herramienta motivacional. Reconoce públicamente los logros y éxitos de tu equipo. El reconocimiento puede ser en forma de elogios en reuniones, premios o menciones en boletines. Cuando los miembros sienten que su trabajo es valorado, están más motivados para continuar.

4. Capacitación Continua y Personalizada

La capacitación continua es esencial para el desarrollo de habilidades de tu equipo. Aquí tienes estrategias para proporcionar capacitación efectiva:

- **Identifica las Necesidades de Capacitación:** Realiza encuestas o entrevistas con tu equipo para identificar las áreas en las que necesitan capacitación adicional.
- **Proporciona Recursos de Aprendizaje:** Ofrece una variedad de recursos de aprendizaje, como videos, webinars, documentos y sesiones de capacitación en vivo.
- **Mentoría y Entrenamiento Personalizado:** Ofrece mentoría y entrenamiento personalizado para ayudar a los miembros a desarrollar habilidades específicas y superar obstáculos.
- **Programa de Desarrollo:** Crea un programa de desarrollo de liderazgo que guíe a los miembros desde los conceptos básicos hasta habilidades más avanzadas.

5. Eventos y Conferencias

Los eventos y conferencias son oportunidades valiosas para la capacitación y la motivación. Incentiva a tu equipo a asistir a eventos locales, nacionales o internacionales relacionados con tu industria. Estos eventos brindan inspiración, capacitación y la oportunidad de conectarse con otros profesionales.

6. Fomenta la Autoeducación

Promueve la autoeducación entre tus miembros. Anima a tus miembros a leer libros, escuchar podcasts, seguir cursos en línea y mantenerse al tanto de las últimas tendencias en marketing y redes de mercadeo. Proporciona recomendaciones de recursos y comparte tu propia experiencia de aprendizaje continuo.

7. Establece Programas de Reconocimiento y Recompensas

Crea programas de reconocimiento y recompensas para motivar a tu equipo. Establece hitos y premios por logros específicos, como alcanzar un cierto rango o generar un volumen de ventas determinado. Las recompensas pueden incluir bonificaciones, viajes o productos exclusivos.

8. Fomenta el Espíritu de Equipo

El trabajo en equipo y la colaboración son esenciales para mantener a tu red motivada. Organiza actividades en equipo, desafíos y proyectos colaborativos. Fomenta un ambiente en el que los miembros se apoyen mutuamente y celebren el éxito de todos.

9. Comparte Historias de Éxito

Las historias de éxito son inspiradoras. Comparte historias de miembros de tu equipo que han alcanzado el éxito a través de su trabajo en la red de mercadeo. Estas historias demuestran que el éxito es alcanzable y motivan a otros a esforzarse por lograrlo.

10. Evalúa y Ajusta

Regularmente, evalúa la efectividad de tus estrategias de motivación y capacitación. Pide retroalimentación a tus miembros y ajusta tus enfoques según sea necesario. No tengas miedo de experimentar y probar nuevas estrategias.

11. Enfócate en el Desarrollo a Largo Plazo

Mantén una perspectiva a largo plazo en la motivación y la capacitación. El crecimiento y el éxito en las redes de mercadeo llevan tiempo. Inspira a tu equipo a pensar en el futuro y en cómo sus esfuerzos de hoy los llevarán a un mejor mañana.

En resumen, mantener a uno mismo y a tu red de mercadeo motivados y proporcionar capacitación continua efectiva son elementos fundamentales para el éxito en esta industria. Como líder, tu papel es inspirar, apoyar y guiar a tu equipo hacia el logro de sus metas. Con una combinación de motivación personal, comunicación efectiva, capacitación continua y un enfoque en el desarrollo a largo plazo, estarás en el camino correcto para mantener a tu equipo motivado y comprometido con el éxito en las redes de mercadeo.

Cómo convertirse en un líder inspirador.

Convertirse en un líder inspirador en una red de mercadeo es un objetivo ambicioso que requiere una combinación de habilidades, actitudes y enfoques efectivos. Inspirar a tu equipo no solo significa guiarlos hacia el éxito, sino también motivarlos y empoderarlos para que alcancen su máximo potencial. Aquí te proporcionaré una guía detallada sobre cómo convertirse en un líder inspirador en una red de mercadeo:

1. Desarrolla una Visión Clara y Atractiva

Un líder inspirador tiene una visión clara y atractiva que resuena con su equipo. Tu visión debe ser emocionante y motivadora, y debes ser capaz de comunicarla de manera efectiva. Al compartir tu visión con pasión y convicción, inspirarás a otros a seguirte.

- **Definir tu visión:** Comienza por definir tu visión para tu negocio de redes de mercadeo. ¿Qué metas tienes? ¿Cuál es tu misión? ¿Qué impacto deseas tener en la vida de tus miembros?
- **Comunicación efectiva:** Aprende a comunicar tu visión de manera clara y convincente. Utiliza historias, ejemplos concretos y ejemplos de éxito para ilustrar tu visión.

2. Sé un Modelo a Seguir

Un líder inspirador no solo habla de lo que se debe hacer, sino que también lo demuestra con sus acciones. Debes ser un modelo a seguir para tu equipo, mostrando los comportamientos y valores que deseas que adopten.

- **Integridad:** Actúa con integridad en todas tus interacciones. Sé honesto, ético y coherente en tus acciones.
- **Dedicación:** Muestra un alto nivel de dedicación y compromiso con tu negocio. Trabaja duro y demuestra que estás dispuesto a hacer lo que sea necesario para alcanzar tus metas.
- **Aprendizaje continuo:** Fomenta un espíritu de aprendizaje continuo y mejora personal. Demuestra que estás dispuesto a adquirir nuevos conocimientos y habilidades.

3. Comunica con Claridad y Empatía

La comunicación efectiva es clave para el liderazgo inspirador. Aprende a comunicarte con claridad y empatía, escuchando las necesidades y preocupaciones de tu equipo.

- **Escucha activa:** Presta atención a tus miembros y demuestra que te importan sus opiniones y perspectivas. La escucha activa fortalece la relación y muestra empatía.
- **Comunicación positiva:** Fomenta una comunicación positiva y alentadora. Evita la crítica destructiva y enfócate en el refuerzo positivo.
- **Comunicación abierta:** Crea un ambiente donde los miembros se sientan cómodos compartiendo sus ideas y preocupaciones. La comunicación abierta promueve la confianza.

4. Desarrolla Habilidades de Liderazgo

Para ser un líder inspirador, debes invertir en el desarrollo de tus habilidades de liderazgo. Esto incluye habilidades de gestión, toma de decisiones, resolución de conflictos y motivación.

- **Capacitación:** Busca oportunidades de capacitación y desarrollo de liderazgo. Puedes asistir a seminarios, leer libros, unirte a grupos de estudio o buscar mentoría.
- **Autoevaluación:** Evalúa regularmente tus habilidades de liderazgo y busca áreas de mejora. La autoevaluación honesta es crucial para el crecimiento personal.
- **Delegación:** Aprende a delegar tareas y responsabilidades de manera efectiva. Delegar permite que tu equipo crezca y asuma más responsabilidades.

5. Inspira a través de Historias y Ejemplos

Las historias y ejemplos de éxito son poderosas herramientas para inspirar a tu equipo. Comparte historias de miembros que han alcanzado el éxito a través de su trabajo en la red de mercadeo.

- **Testimonios:** Destaca testimonios de éxito de tus miembros, mostrando cómo sus vidas han mejorado gracias a su participación en la red.
- **Ejemplos personales:** Comparte tus propias experiencias y éxitos en el negocio. Explica cómo superaste obstáculos y alcanzaste tus metas.

6. Fomenta la Motivación Intrínseca

Un líder inspirador ayuda a su equipo a encontrar la motivación intrínseca, es decir, la motivación que proviene de su propio deseo de lograr algo significativo. Ayuda a tus miembros a descubrir sus pasiones y metas personales relacionadas con el negocio.

- **Preguntas poderosas:** Haz preguntas que ayuden a tus miembros a reflexionar sobre lo que realmente quieren lograr en la vida. Por

ejemplo, "¿Qué te emociona más acerca de alcanzar tus metas en este negocio?".
- **Conexión personal:** Conéctate personalmente con tus miembros para comprender sus deseos y aspiraciones individuales. Esto te permite personalizar tu apoyo y orientación.

7. Establece Metas Desafiantes y Alcanzables

Fomenta la ambición y el crecimiento estableciendo metas desafiantes pero alcanzables para tu equipo. Las metas proporcionan un sentido de dirección y un propósito claro.

- **Metas claras:** Asegúrate de que las metas sean específicas, medibles, alcanzables, relevantes y con plazo (conocidas como metas SMART).
- **Celebración de logros:** Celebra cada logro, por pequeño que sea. Reconoce y recompensa el progreso hacia las metas.

8. Empoderamiento y Desarrollo

Un líder inspirador empodera a su equipo y promueve su desarrollo personal y profesional.

- **Empoderamiento:** Delega responsabilidades y da a los miembros la libertad de tomar decisiones. El empoderamiento aumenta la confianza y la autoestima.
- **Desarrollo:** Ofrece oportunidades de desarrollo, como capacitación, mentoría y recursos educativos. Invierte en el crecimiento de tus miembros.

9. Fomenta la Resiliencia

En el mundo de las redes de mercadeo, es importante fomentar la resiliencia. Ayuda a tu equipo a enfrentar los desafíos y a ver los fracasos como oportunidades de aprendizaje.

- **Apoyo emocional:** Brinda apoyo emocional a tus miembros cuando enfrenten dificultades. Escucha sus preocupaciones y ofréceles aliento.

- **Mentalidad de crecimiento:** Fomenta una mentalidad de crecimiento, donde los desafíos se ven como oportunidades para mejorar y aprender.

10. Celebra el Éxito Colectivo

Celebra el éxito no solo a nivel individual, sino también a nivel colectivo. Destaca los logros del equipo y muestra gratitud por la contribución de todos.

- **Reconocimiento grupal:** Organiza eventos o reuniones especiales para celebrar los logros del equipo. Destaca el trabajo en equipo y la colaboración.
- **Gratitud:** Expresa gratitud hacia tu equipo de manera regular. Reconoce su arduo trabajo y dedicación.

En resumen, convertirse en un líder inspirador en una red de mercadeo implica desarrollar una visión atractiva, ser un modelo a seguir, comunicarse efectivamente y fomentar el crecimiento personal y profesional de tu equipo. Inspirar a otros requiere un compromiso constante y una pasión genuina por ayudar a tus miembros a alcanzar su máximo potencial. Al seguir estos principios y estrategias, estarás en el camino correcto para convertirte en un líder que motiva y guía a su equipo hacia el éxito en las redes de mercadeo.

Capítulo 5

Estrategias de Marketing Digital

Creación y optimización de perfiles en redes sociales.

Crear y optimizar perfiles en redes sociales es una parte fundamental del marketing digital en el negocio de redes de mercadeo. Las redes sociales ofrecen una plataforma poderosa para conectarte con tu audiencia, promover tu negocio y construir relaciones con clientes potenciales y miembros de tu equipo. En esta guía detallada, te mostraré cómo crear y optimizar tus perfiles en redes sociales para que tu negocio de redes de mercadeo atraiga y genere resultados positivos.

1. Escoge las Plataformas de Redes Sociales Adecuadas

No todas las plataformas de redes sociales son iguales, y no todas son adecuadas para tu negocio de redes de mercadeo. Es importante identificar las plataformas que mejor se adapten a tu audiencia y objetivos. Algunas de las plataformas populares para el marketing en redes de mercadeo incluyen Facebook, Instagram, Twitter, LinkedIn y YouTube. Aquí hay algunas consideraciones al elegir las plataformas:

- **Tu Audiencia Objetivo:** ¿Dónde pasa más tiempo tu audiencia objetivo? Investiga dónde se encuentran activos y enfoca tus esfuerzos en esas plataformas.
- **Tipo de Contenido:** ¿Qué tipo de contenido planeas crear? Algunas plataformas son ideales para imágenes y videos, mientras que otras son más adecuadas para contenido escrito.

- **Objetivos de Negocio:** ¿Cuáles son tus objetivos de negocio? Algunas plataformas son mejores para la generación de leads, mientras que otras son ideales para la construcción de relaciones o la promoción de productos.
- **Competencia:** Investiga a tus competidores y observa en qué plataformas tienen presencia. Esto puede brindarte pistas sobre dónde enfocar tus esfuerzos.

2. Crea Perfiles Atractivos y Profesionales

Una vez que hayas elegido las plataformas adecuadas, es hora de crear perfiles atractivos y profesionales. Estos perfiles serán la primera impresión que la gente tenga de tu negocio en línea, por lo que es importante causar una buena impresión. Aquí tienes algunos consejos:

- **Fotos de Perfil y Portadas:** Utiliza una foto de perfil y una portada de alta calidad que representen tu marca. La foto de perfil puede ser tu logotipo o una foto profesional tuya.
- **Biografía y Descripción:** Escribe una biografía o descripción que sea concisa y que explique quién eres y qué hace tu negocio. Incluye palabras clave relevantes.
- **Información de Contacto:** Asegúrate de proporcionar información de contacto actualizada, como dirección de correo electrónico o número de teléfono.
- **Enlace a tu Sitio Web:** Si tienes un sitio web, agrega un enlace a él en tu perfil para que las personas puedan obtener más información sobre tu negocio.

3. Desarrolla una Estrategia de Contenido

Una estrategia de contenido sólida es esencial para el éxito en las redes sociales. Antes de comenzar a publicar, considera lo siguiente:

- **Tema y Tonos de Voz:** Define el tema de tu contenido y el tono de voz que utilizarás. ¿Será informativo, inspirador, divertido o profesional?

- **Calendario de Publicación:** Crea un calendario de publicación para planificar qué contenido compartirás y cuándo lo harás. La consistencia es clave en las redes sociales.
- **Variedad de Contenido:** Mezcla diferentes tipos de contenido, como imágenes, videos, publicaciones de blog y publicaciones de texto. Mantén la variedad para mantener el interés de tu audiencia.
- **Interacción y Participación:** Planifica cómo interactuarás con tu audiencia. Responde a los comentarios y mensajes de manera oportuna y participa en conversaciones relevantes.

4. Crea Contenido Valioso y Relevante

El contenido que compartas en tus perfiles de redes sociales debe ser valioso y relevante para tu audiencia. Esto puede incluir:

- **Consejos y Tutoriales:** Comparte consejos útiles y tutoriales que ayuden a tu audiencia a resolver problemas o mejorar sus vidas.
- **Historias Personales:** Comparte historias personales que muestren tu experiencia en el negocio y tu viaje hacia el éxito.
- **Contenido Educativo:** Proporciona contenido educativo relacionado con tu industria o productos. Esto demuestra tu experiencia y construye confianza.
- **Testimonios y Casos de Éxito:** Publica testimonios y casos de éxito de tus miembros o clientes satisfechos.
- **Noticias y Actualizaciones:** Mantén a tu audiencia informada sobre las novedades y actualizaciones relacionadas con tu negocio.
- **Contenido Inspirador:** Comparte contenido inspirador que motive a tu audiencia a tomar medidas.

5. Usa Hashtags Relevantes

Los hashtags son una forma efectiva de aumentar la visibilidad de tu contenido en las redes sociales. Investiga y utiliza hashtags relevantes en tus publicaciones para llegar a una audiencia más amplia. También puedes crear tu propio hashtag único relacionado con tu negocio.

- **Investigación de Hashtags:** Investiga qué hashtags son populares en tu industria y entre tu audiencia. Utiliza herramientas de búsqueda de hashtags para encontrar los más relevantes.
- **Uso Moderado:** No abuses de los hashtags. Usa solo aquellos que sean relevantes para tu contenido. El exceso de hashtags puede parecer spammy.

6. Fomenta la Interacción y el Compromiso

La interacción y el compromiso son vitales en las redes sociales. Anima a tu audiencia a participar en tus publicaciones mediante preguntas, encuestas, concursos y desafíos. Responde a los comentarios y mensajes de manera genuina y alienta las conversaciones.

- **Preguntas y Encuestas:** Realiza preguntas para obtener la opinión de tu audiencia o crea encuestas sobre temas relevantes.
- **Concursos y Desafíos:** Organiza concursos y desafíos que involucren a tu audiencia y la motiven a participar.
- **Comparte y Comenta:** Comparte publicaciones de otros en tu industria y comenta en sus publicaciones. Esto puede aumentar tu visibilidad y construir relaciones.

7. Mide y Analiza el Rendimiento

Es esencial medir y analizar el rendimiento de tus perfiles en redes sociales para determinar qué estrategias son efectivas y qué áreas necesitan mejoras. Utiliza las herramientas de análisis de cada plataforma para rastrear métricas importantes, como la interacción, el alcance y las conversiones. Algunas métricas clave a tener en cuenta incluyen:

- **Compromiso:** Cuántos "me gusta", comentarios y compartidos recibe tu contenido.
- **Alcance:** Cuántas personas ven tus publicaciones.
- Conversiones: Cuántos clics o conversiones genera tu contenido, como visitas a tu sitio web o registros.
- **Seguidores:** El crecimiento de tu base de seguidores.

- **Tasas de Conversión:** La cantidad de seguidores que se convierten en clientes o miembros de tu red.
- **Análisis de Competencia:** Observa cómo se comparan tus métricas con las de tus competidores en el mismo nicho.

Usa los datos recopilados para ajustar tu estrategia de contenido y mejorar tu presencia en las redes sociales con el tiempo.

8. Permanece Actualizado con las Tendencias

Las redes sociales están en constante evolución, y es importante mantenerse actualizado con las tendencias y cambios en las plataformas. Esto incluye conocer las últimas características, algoritmos y cambios en las políticas. Únete a grupos y comunidades relacionados con el marketing en redes de mercadeo para mantenerse informado y aprender de otros profesionales.

9. Automatización y Programación

La automatización y programación de publicaciones pueden ayudarte a mantener una presencia constante en las redes sociales sin tener que estar en línea todo el tiempo. Utiliza herramientas de programación como Hootsuite, Buffer o Sprout Social para planificar y programar tus publicaciones con anticipación. Sin embargo, asegúrate de que todavía estás presente para interactuar en tiempo real cuando sea necesario.

10. Sé Auténtico y Genuino

La autenticidad y la autenticidad son clave para construir relaciones sólidas en las redes sociales. No trates de ser alguien que no eres. Muestra tu personalidad genuina y comparte tus valores y creencias. La autenticidad construye la confianza y te ayuda a conectar de manera más efectiva con tu audiencia.

11. Paciencia y Persistencia

El éxito en las redes sociales lleva tiempo, paciencia y persistencia. No esperes resultados inmediatos. Continúa trabajando en tu estrategia y ajustándola según sea necesario a lo largo del tiempo. La consistencia en la publicación y el compromiso con tu audiencia son clave para el éxito a largo plazo.

En resumen, crear y optimizar perfiles en redes sociales para tu negocio de redes de mercadeo es esencial para atraer y retener a tu audiencia. Al elegir las plataformas adecuadas, crear contenido valioso, fomentar la interacción y el compromiso, medir el rendimiento y mantenerse actualizado con las tendencias, puedes construir una sólida presencia en las redes sociales que beneficie a tu negocio y a tus miembros de la red. Recuerda que el marketing en redes de mercadeo es una combinación de estrategia y autenticidad, y con el tiempo, puedes lograr resultados significativos.

Desarrollo de contenido atractivo.

Crear y desarrollar contenido atractivo es esencial para que tu negocio de redes de mercadeo sea exitoso en el entorno digital. El contenido atractivo no solo capta la atención de tu audiencia, sino que también la retiene, la involucra y la convierte en seguidores leales. En esta guía detallada, exploraremos cómo crear y desarrollar contenido efectivo para atraer a tu audiencia en el mundo de las redes de mercadeo.

1. Conoce a tu Audiencia

Antes de comenzar a crear contenido, es fundamental comprender a quién te estás dirigiendo. Define a tu audiencia objetivo, sus necesidades, deseos y desafíos. Cuanto mejor comprendas a tu audiencia, más efectivo será tu contenido.

- **Investigación de Audiencia:** Realiza investigaciones de mercado para comprender a tu audiencia. Utiliza encuestas, análisis de datos y perfiles de clientes ideales (buyer personas).
- **Problemas y Soluciones:** Identifica los problemas y desafíos que enfrenta tu audiencia y cómo tu producto o servicio puede ayudar a resolverlos.

2. Define tus Objetivos de Contenido

Antes de crear contenido, establece objetivos claros. ¿Qué deseas lograr con tu contenido? Los objetivos pueden incluir aumentar la visibilidad de tu marca, generar leads, promover productos o servicios, educar a tu audiencia o fortalecer la lealtad de tus miembros de la red.

- **Objetivos SMART:** Asegúrate de que tus objetivos sean específicos, medibles, alcanzables, relevantes y con plazo (metas SMART).

3. Crea Contenido Valioso

El contenido valioso es aquel que brinda información útil, educativa o entretenida a tu audiencia. Debe ser relevante para sus intereses y necesidades. Aquí hay tipos de contenido valioso que puedes crear:

- **Publicaciones de Blog:** Escribe artículos informativos y detallados sobre temas relacionados con tu industria, productos o servicios.
- **Videos Educativos:** Crea videos que expliquen conceptos, muestren cómo usar tus productos o brinden consejos y tutoriales.
- **Infografías:** Diseña infografías visualmente atractivas que presenten información de manera clara y concisa.
- **Contenido Descargable:** Ofrece recursos descargables, como ebooks, guías o plantillas, a cambio de información de contacto (generación de leads).
- **Historias Personales:** Comparte tus propias experiencias y anécdotas relacionadas con tu negocio o productos. La autenticidad puede ser poderosa.

4. Mantén la Consistencia

La consistencia es clave en el marketing de contenidos. Establece un calendario de publicación y adhiérete a él. Esto ayuda a tu audiencia a saber cuándo esperar nuevo contenido y te ayuda a mantener un compromiso constante.

- **Calendario de Contenido:** Planifica tu contenido con anticipación y asigna fechas de publicación. Utiliza herramientas de gestión de contenido para ayudarte a mantener el control.
- **Frecuencia de Publicación:** Determina con qué frecuencia publicarás. Esto puede variar según la plataforma y tu capacidad de producción de contenido.

5. Utiliza Formatos Variados

El contenido no se limita a un solo formato. Varía tus formatos para mantener el interés de tu audiencia. Algunos ejemplos de formatos de contenido incluyen:

- **Texto:** Artículos, publicaciones en redes sociales y descripciones de productos.
- **Video:** Tutoriales, entrevistas, reseñas de productos y transmisiones en vivo.
- Imágenes: Infografías, memes, gráficos y fotografías relacionadas con tu negocio.
- **Audio:** Podcasts y grabaciones de voz.
- Interactivo: Encuestas, cuestionarios y contenido interactivo en redes sociales.

6. Optimiza para Motores de Búsqueda (SEO)

Si creas contenido en línea, es importante optimizarlo para los motores de búsqueda. Esto aumenta la visibilidad de tu contenido en los resultados de búsqueda y atrae tráfico orgánico. Algunas prácticas de SEO incluyen:

- Investigación de Palabras Clave: **Identifica las palabras clave relevantes para** tu contenido y úsalas de manera estratégica en tus publicaciones.
- **Etiquetas y Metadescripciones:** Optimiza las etiquetas de título y las metadescripciones para que sean atractivas y relevantes.
- **Enlaces Internos y Externos**: Utiliza enlaces internos para conectar tu contenido relacionado y enlaces externos a fuentes de alta calidad.

7. Sé Visualmente Atractivo

Las imágenes y el diseño son cruciales para atraer a tu audiencia. Las publicaciones visuales tienden a tener un mejor rendimiento en las redes sociales. Aquí hay algunas consideraciones:

- **Gráficos de Calidad:** Utiliza imágenes y gráficos de alta calidad que sean relevantes para tu contenido.
- **Consistencia de Estilo:** Mantén un estilo de diseño coherente en tus gráficos y en toda tu presencia en línea.
- **Incorpora Videos:** Los videos atractivos pueden captar la atención de la audiencia y transmitir información de manera efectiva.

8. Fomenta la Participación y la Interacción

El contenido atractivo no solo se trata de presentar información, sino también de fomentar la participación y la interacción. Anima a tu audiencia a comentar, compartir y participar en conversaciones.

- **Preguntas y Llamados a la Acción:** Haz preguntas en tus publicaciones para involucrar a tu audiencia. Utiliza llamados a la acción (CTA) para guiar a los espectadores hacia una acción específica.
- **Respuestas y Compromiso:** Responde a los comentarios y mensajes de manera oportuna. Mantén conversaciones genuinas con tu audiencia.
- **Encuestas y Encuestas:** Realiza encuestas y encuestas para obtener la opinión de tu audiencia y generar compromiso.

9. Mide y Aprende

El análisis es una parte esencial de la estrategia de contenido. Utiliza herramientas de análisis para rastrear métricas clave, como la interacción, el alcance y las conversiones. Aprende de tus datos y ajusta tu estrategia en consecuencia.

- **Métricas Clave:** Identifica las métricas clave que son relevantes para tus objetivos de contenido.

- **A/B Testing:** Prueba diferentes tipos de contenido y enfoques para determinar lo que funciona mejor.
- **Iteración:** Ajusta tu estrategia en función de los resultados y las retroalimentaciones de tu audiencia.

10. Escucha a tu Audiencia

La retroalimentación de tu audiencia es invaluable. Escucha sus comentarios y sugerencias para mejorar tu contenido y adaptarte a sus necesidades en constante cambio.

- **Encuestas y Comentarios:** Realiza encuestas y recopila comentarios de tus seguidores para conocer sus intereses y preocupaciones.
- **Monitorea las Redes Sociales:** Utiliza herramientas de monitoreo para estar al tanto de las conversaciones relacionadas con tu industria o nicho.
- **Ajustes Basados en la Audiencia:** Ajusta tu estrategia de contenido para satisfacer las necesidades y expectativas cambiantes de tu audiencia.

11. Sé Auténtico y Transparente

La autenticidad es clave en el marketing de contenidos. Sé genuino en tus publicaciones y comparte tu historia de manera honesta. La transparencia construye confianza con tu audiencia.

12. Mantén una Actitud de Aprendizaje Continuo

El marketing de contenidos está en constante evolución. Mantente al día con las últimas tendencias y mejores prácticas en marketing digital y adapta tu estrategia en consecuencia. Esto te ayudará a mantener tu contenido fresco y relevante.

En resumen, crear y desarrollar contenido atractivo para tu negocio de redes de mercadeo es esencial para atraer y retener a tu audiencia. Comprende a tu audiencia, establece objetivos claros, crea contenido valioso y variado, optimiza para SEO, fomenta la participación, mide y ajusta según sea necesario. La creación de contenido efectivo requiere tiempo y esfuerzo, pero los resultados positivos en términos de compromiso y lealtad de la audiencia valen la pena.

Publicidad en redes sociales y estrategias de pago por clic.

La publicidad en redes sociales y las estrategias de pago por clic (PPC) son herramientas poderosas para hacer que tu negocio de redes de mercadeo atraiga a una audiencia más amplia y genere conversiones. En esta guía detallada, exploraremos cómo puedes utilizar la publicidad en redes sociales y las estrategias PPC de manera efectiva para promover tu negocio de redes de mercadeo y maximizar tus resultados.

Publicidad en Redes Sociales:

1. Define tus Objetivos de Publicidad

Antes de comenzar cualquier campaña de publicidad en redes sociales, es fundamental que establezcas objetivos claros. ¿Qué deseas lograr con tu publicidad? Algunos ejemplos de objetivos pueden incluir:

- Aumentar el conocimiento de la marca.
- Generar leads o prospectos.
- Incrementar las ventas de tus productos o servicios.
- Promover eventos o webinarios relacionados con tu negocio.
- Construir una base de seguidores más grande en tus perfiles de redes sociales.

Cada objetivo requerirá diferentes enfoques y métricas de seguimiento, por lo que es importante definirlos desde el principio.

2. Identifica a tu Audiencia Objetivo

Una de las ventajas clave de la publicidad en redes sociales es la capacidad de llegar a audiencias específicas. Identifica y segmenta a tu audiencia objetivo basándote en factores como la edad, el género, la ubicación geográfica, los intereses y el comportamiento en línea. Cuanto más específico seas al definir tu audiencia, más efectiva será tu publicidad.

3. Elige las Plataformas de Redes Sociales Adecuadas

No todas las plataformas de redes sociales son iguales, y es importante seleccionar las que sean más relevantes para tu negocio y tu audiencia objetivo. Algunas de las principales plataformas de publicidad en redes sociales incluyen:

- **Facebook:** Ideal para llegar a una audiencia diversa y segmentada. Ofrece una amplia variedad de formatos publicitarios, como anuncios de imagen, video, carrusel y más.
- **Instagram**: Excelente para promover productos o servicios visualmente atractivos, especialmente entre audiencias más jóvenes.
- **Twitter:** Útil para campañas de promoción en tiempo real y para aumentar la interacción con tu audiencia.
- **LinkedIn:** Ideal para llegar a profesionales y empresas en un contexto más empresarial. Es efectivo para la generación de leads B2B.
- **YouTube:** Perfecto para promocionar contenido de video a una audiencia global.
- **Pinterest:** Ideal para productos relacionados con la moda, la decoración del hogar, la comida y otros temas visuales.

Selecciona las plataformas que mejor se adapten a tus objetivos y recursos.

4. Diseña Anuncios Atractivos

El diseño de tus anuncios es crucial para atraer la atención de tu audiencia. Asegúrate de que tus anuncios sean visualmente atractivos y que se alineen con tu mensaje y marca. Algunas consideraciones clave incluyen:

- **Imágenes y Videos de Alta Calidad:** Utiliza imágenes y videos de alta resolución que sean relevantes para tu producto o servicio.
- **Títulos Impactantes**: Crea títulos llamativos que capten la atención de inmediato.
- **Texto Conciso:** Mantén el texto de tu anuncio claro y conciso. Comunica el valor de tu oferta de manera efectiva.

- **Llamados a la Acción (CTA):** Incluye un CTA claro que indique a los espectadores qué acción deben tomar.
- **Pruebas A/B:** Realiza pruebas A/B para probar diferentes elementos de tus anuncios y determinar cuáles funcionan mejor.

5. Configura el Presupuesto y la Programación

Define tu presupuesto publicitario y la programación de tus anuncios. Puedes optar por un presupuesto diario o un presupuesto total para toda la campaña. También puedes elegir fechas y horarios específicos para que tus anuncios se muestren. La configuración del presupuesto y la programación dependerá de tus objetivos y tu estrategia.

6. Utiliza Segmentación Avanzada

Las plataformas de publicidad en redes sociales ofrecen opciones avanzadas de segmentación que te permiten llegar a audiencias altamente específicas. Puedes segmentar según la ubicación geográfica, la demografía, los intereses, el comportamiento en línea y más. Aprovecha estas opciones para llegar a las personas más propensas a estar interesadas en tu negocio.

7. Realiza un Seguimiento y Optimiza tus Anuncios

El seguimiento y la optimización de tus anuncios son esenciales para maximizar su eficacia. Utiliza las herramientas de análisis de la plataforma para rastrear métricas clave, como la tasa de clics (CTR), el costo por clic (CPC) y la tasa de conversión. A partir de los datos recopilados, ajusta tus anuncios y estrategia según sea necesario.

- **Pruebas Continuas:** Realiza pruebas constantes para probar diferentes elementos, como copias, imágenes, CTA y segmentación. Aprende de lo que funciona mejor y ajusta tus anuncios en consecuencia.
- **Optimización de Presupuesto:** A medida que recopiles datos sobre el rendimiento de tus anuncios, puedes redistribuir tu presupuesto hacia las campañas y anuncios más efectivos.

Estrategias de Pago por Clic (PPC):

1. Comprende el Modelo de Pago por Clic

En las estrategias de PPC, pagas por cada clic que reciben tus anuncios. Es importante comprender cómo funciona este modelo y cómo puedes maximizar el valor de tus clics. Algunas plataformas de PPC populares incluyen Google Ads y Bing Ads para búsquedas en línea, así como plataformas de anuncios en redes sociales como Facebook Ads.

2. Realiza una Investigación de Palabras Clave

La investigación de palabras clave es fundamental en las estrategias de PPC basadas en búsquedas en línea. Identifica las palabras clave relevantes para tu negocio y tu audiencia. Utiliza herramientas de investigación de palabras clave para encontrar términos con un buen equilibrio entre volumen de búsqueda y competencia.

3. Crea Anuncios Relevantes

Diseña anuncios que sean relevantes para las palabras clave que estás pujando. Utiliza palabras clave en tus anuncios y asegúrate de que el contenido de la página de destino esté relacionado con las palabras clave y los anuncios. La coherencia aumentará la calidad de tus anuncios y reducirá los costos por clic.

4. Utiliza la Coincidencia de Palabras Clave Correcta

En las plataformas de PPC, puedes configurar diferentes tipos de coincidencias de palabras clave. Estos incluyen coincidencia exacta, coincidencia de frase, coincidencia amplia y concordancia amplia modificada. Cada tipo tiene un nivel diferente de restricción en cuándo se mostrarán tus anuncios. Utiliza estos tipos de coincidencia de manera estratégica según tus objetivos.

5. Establece un Presupuesto Diario y Límites de Gasto

Configura un presupuesto diario en tus campañas de PPC para controlar tus gastos. También puedes establecer límites de gasto en tus campañas para evitar gastos excesivos. Esto te permite tener un control completo sobre tus costos de publicidad.

6. Utiliza Palabras Clave Negativas

Las palabras clave negativas son términos que deseas excluir de tus anuncios. Estas palabras clave evitan que tus anuncios se muestren para búsquedas irrelevantes y ayudan a mejorar la calidad de tus clics y la tasa de conversión.

7. Realiza un Seguimiento y Optimiza Constantemente

Al igual que con la publicidad en redes sociales, el seguimiento y la optimización son cruciales en las estrategias de PPC. Rastrea métricas como el CTR, el CPC y la tasa de conversión. Ajusta tus pujas y estrategias de palabras clave según el rendimiento.

8. Prueba Variaciones de Anuncios

Realiza pruebas A/B para probar diferentes variaciones de tus anuncios. Experimenta con diferentes títulos, copias y llamados a la acción para determinar qué versiones generan los mejores resultados. Las pruebas te ayudarán a refinar tus anuncios con el tiempo.

9. Utiliza Extensiones de Anuncios

Las extensiones de anuncios son complementos que pueden mejorar tus anuncios de PPC. Estas extensiones incluyen información adicional, como números de teléfono, ubicaciones físicas o enlaces adicionales. Las extensiones de anuncios pueden aumentar la visibilidad y la efectividad de tus anuncios.

10. Mantén Actualizado tu Contenido de Landing Page

Asegúrate de que las páginas de destino a las que diriges a los usuarios después de hacer clic en tus anuncios estén actualizadas y sean relevantes. Una experiencia de usuario positiva en la página de destino aumentará las posibilidades de conversión.

11. Sé Consciente de tu Competencia

Realiza un seguimiento de lo que hacen tus competidores en términos de PPC y busca oportunidades para diferenciarte y destacarte en el mercado.

12. Evalúa el Retorno de la Inversión (ROI)

Finalmente, es fundamental evaluar el retorno de la inversión de tus campañas de PPC. ¿Estás generando suficientes conversiones para justificar tus gastos en publicidad? Realiza análisis periódicos y ajusta tu estrategia según sea necesario para lograr un ROI positivo.

En resumen, la publicidad en redes sociales y las estrategias de pago por clic son herramientas efectivas para atraer a una audiencia más amplia y generar conversiones en tu negocio de redes de mercadeo. Define tus objetivos, identifica a tu audiencia, crea anuncios atractivos, utiliza segmentación avanzada y realiza un seguimiento y optimización constantes. Con la estrategia adecuada, puedes aprovechar al máximo estas herramientas y aumentar el éxito de tu negocio de redes de mercadeo.

Capítulo 6

Creación de un Embudo de Ventas Efectivo

Diseño de un embudo de ventas en línea.

El diseño de un embudo de ventas en línea es una parte esencial de cualquier estrategia de marketing en redes de mercadeo. Un embudo de ventas efectivo te ayudará a atraer, involucrar y convertir a prospectos en clientes y miembros de tu red. En esta guía detallada, exploraremos cómo diseñar un embudo de ventas en línea que haga crecer tu negocio de redes de mercadeo.

¿Qué es un Embudo de Ventas en Línea?

Un embudo de ventas en línea es un proceso estratégico que se utiliza para guiar a los visitantes de tu sitio web a través de diferentes etapas con el objetivo final de convertirlos en clientes o miembros de tu red de mercadeo. El embudo representa el camino que recorren los prospectos, desde el descubrimiento inicial de tu negocio hasta la toma de una acción deseada, como la compra de un producto o la inscripción en tu red.

Diseño de un Embudo de Ventas Efectivo:

1. Etapa de Conciencia (Awareness):

En esta etapa, tu objetivo es atraer la atención de tus prospectos y crear conciencia sobre tu negocio y tus productos o servicios. Aquí hay algunas estrategias y tácticas para diseñar esta fase:

- **Contenido de Valor**: Crea contenido educativo y valioso que aborde los problemas o necesidades de tu audiencia. Esto puede incluir blogs, videos informativos y publicaciones en redes sociales.

- **Publicidad en Redes Sociales:** Utiliza la publicidad en redes sociales para llegar a audiencias específicas que puedan estar interesadas en tu negocio.
- **Optimización de Motores de Búsqueda (SEO):** Optimiza tu contenido para motores de búsqueda para aumentar tu visibilidad en los resultados de búsqueda.
- **Estrategias de Palabras Clave:** Investiga y utiliza palabras clave relevantes para tu nicho de mercado en tu contenido.
- **Lead Magnets:** Ofrece recursos gratuitos, como ebooks o guías, a cambio de la información de contacto de los visitantes (generación de leads).

2. Etapa de Interés (Interest):

Una vez que has captado la atención de tus prospectos, es hora de mantener su interés y fomentar su participación activa con tu negocio. Aquí hay algunas estrategias para esta etapa:

- **Email Marketing:** Utiliza el email marketing para mantener una comunicación continua con tus prospectos. Envía contenido relevante y valioso a través de boletines informativos y secuencias automatizadas.
- **Contenido de Seguimiento:** Crea contenido que profundice en los temas que interesan a tus prospectos. Esto puede incluir webinarios, casos de estudio y testimonios.
- **Automatización de Marketing:** Utiliza herramientas de automatización de marketing para enviar mensajes personalizados en el momento adecuado.
- **Webinars y Eventos en Vivo:** Organiza webinarios y eventos en vivo para interactuar directamente con tu audiencia y responder a sus preguntas.

3. Etapa de Decisión (Decision):

En esta etapa, tus prospectos están considerando tomar una acción, ya sea comprar un producto o unirse a tu red de mercadeo. Tu objetivo es ayudarlos a tomar una decisión informada. Aquí hay algunas estrategias para esta fase:

- **Contenido Persuasivo:** Proporciona contenido que destaque los beneficios y características de tus productos o de unirse a tu red.
- **Demostraciones y Pruebas:** Ofrece demostraciones o pruebas gratuitas de tus productos o una vista previa de la experiencia de unirse a tu red.
- **Comentarios y Testimonios:** Muestra comentarios y testimonios de clientes satisfechos y miembros de tu red exitosos.
- **Ofertas Especiales:** Ofrece descuentos o promociones exclusivas para incentivar la conversión.

4. Etapa de Acción (Action):

En esta fase, tus prospectos están listos para tomar una acción definitiva. Ya sea que estén comprando un producto o uniéndose a tu red, debes facilitar el proceso y brindar asistencia cuando sea necesario. Aquí hay algunas estrategias para esta etapa:

- **Proceso de Compra Simplificado:** Asegúrate de que el proceso de compra o inscripción sea sencillo y fácil de seguir.
- **Soporte al Cliente:** Ofrece soporte al cliente rápido y eficaz para responder a preguntas o resolver problemas.
- **Seguimiento Post-Compra:** Realiza un seguimiento con los nuevos clientes o miembros para garantizar su satisfacción y fomentar la lealtad.

5. Etapa de Fidelización (Loyalty):

La etapa de fidelización es esencial para mantener a tus clientes satisfechos y retener a los miembros de tu red. Aquí hay algunas estrategias para esta fase:

- **Programas de Lealtad:** Crea programas de lealtad que recompensen a los clientes y miembros de tu red por su compromiso continuo.

- **Contenido Exclusivo:** Ofrece contenido exclusivo y beneficios a tus clientes y miembros.
- **Comunicación Periódica:** Mantén una comunicación periódica a través del email marketing y las redes sociales para mantener a tus seguidores comprometidos.
- **Solicita Comentarios:** Pide a tus clientes y miembros que proporcionen comentarios y sugerencias para mejorar tus productos y servicios.

6. Etapa de Referencia (Advocacy):

En esta etapa, tus clientes y miembros satisfechos pueden convertirse en defensores de tu negocio, recomendándolo a otros. Aquí hay algunas estrategias para fomentar la referencia:

- **Programas de Referencia:** Crea programas de referencia que recompensen a las personas por recomendar tu negocio a otros.
- **Contenido Compartible:** Crea contenido que sea fácil de compartir en redes sociales para que tus seguidores puedan recomendarlo a sus amigos y familiares.
- **Recompensas por Referencias:** Ofrece recompensas a las personas que refieran con éxito a nuevos clientes o miembros a tu red.

Herramientas y Tecnología:

Para implementar un embudo de ventas en línea efectivo, es importante utilizar herramientas y tecnología adecuadas. Algunas herramientas comunes incluyen:

- **Plataformas de Email Marketing:** Como Mailchimp, ConvertKit o AWeber para gestionar tu lista de contactos y enviar correos electrónicos automatizados.
- **Sistemas de CRM (Customer Relationship Management):** Para administrar y realizar un seguimiento de tus prospectos y clientes.

- **Herramientas de Automatización de Marketing:** Como HubSpot o Marketo para automatizar tareas de marketing.
- **Herramientas de Análisis y Seguimiento**: Como Google Analytics para medir el rendimiento de tu embudo.
- **Plataformas de Publicidad en Redes Sociales:** Como Facebook Ads o Google Ads para promover tu contenido.

Métricas y Seguimiento:

El seguimiento y la medición son fundamentales para evaluar la efectividad de tu embudo de ventas en línea. Algunas métricas clave que debes monitorear incluyen:

- **Tasa de Conversión**: Mide cuántos prospectos avanzan de una etapa a la siguiente en tu embudo.
- **Tasa de Abandono:** Identifica en qué etapa la mayoría de los prospectos abandonan el embudo y busca oportunidades de mejora.
- **Retorno de la Inversión (ROI)**: Calcula el ROI de tu estrategia de embudo para asegurarte de que estés obteniendo un valor positivo de tus inversiones en marketing.
- **Tasa de Apertura y Clics de Email:** Mide la efectividad de tus correos electrónicos en cada etapa.
- **Número de Referencias:** Registra cuántos nuevos clientes o miembros llegan a través de referencias.

Optimización Continua:

El embudo de ventas en línea no es estático; debe ser flexible y estar sujeto a optimización continua. Realiza pruebas A/B en diferentes elementos de tu embudo, analiza los resultados y ajusta tu estrategia según sea necesario. Escucha a tus prospectos y clientes para comprender sus necesidades cambiantes y adapta tu embudo en consecuencia.

En resumen, el diseño de un embudo de ventas en línea efectivo es fundamental para hacer crecer tu negocio de redes de mercadeo. Comienza por atraer la atención de tus prospectos, mantenlos interesados, ayúdales a tomar decisiones informadas y, finalmente, fomenta la lealtad y la referencia. Utiliza herramientas adecuadas, realiza un seguimiento meticuloso y optimiza continuamente tu embudo para obtener los mejores resultados. Un embudo de ventas bien diseñado puede marcar la diferencia en el éxito de tu negocio de redes de mercadeo en línea.

Generación de leads y seguimiento de prospectos.

Generar leads y hacer un seguimiento efectivo de prospectos es una parte esencial del éxito en el negocio de redes de mercadeo. Un lead es una persona o empresa que ha mostrado interés en tus productos, servicios o oportunidad de negocio. En esta guía detallada, exploraremos cómo puedes generar leads de alta calidad y cómo hacer un seguimiento adecuado para convertirlos en miembros valiosos de tu red de mercadeo.

Generación de Leads:

1. Creación de Contenido de Valor:

La creación de contenido de alta calidad es una de las formas más efectivas de atraer leads. Crea blogs, videos, guías o infografías que aborden los problemas o necesidades de tu audiencia objetivo. Asegúrate de que tu contenido ofrezca soluciones y sea relevante para tu nicho de mercado.

2. Landing Pages y Formularios de Captura:

Utiliza landing pages (páginas de destino) específicas para dirigir a los visitantes que han mostrado interés en tu contenido. En estas páginas, ofrece contenido adicional, como ebooks o webinarios, a cambio de la información de contacto de los visitantes, como su nombre y dirección de correo electrónico.

3. Publicidad en Redes Sociales:

Las redes sociales son un canal poderoso para la generación de leads. Utiliza anuncios en plataformas como Facebook, Instagram o LinkedIn para llegar a audiencias específicas que puedan estar interesadas en tu negocio. Dirige a los usuarios a tus landing pages de captura de leads.

4. SEO y Optimización de Contenido:

Optimiza tu contenido para motores de búsqueda (SEO) utilizando palabras clave relevantes para tu nicho. Esto aumentará la visibilidad de tu contenido en los resultados de búsqueda y atraerá a personas interesadas.

5. Colaboraciones y Asociaciones:

Colabora con otros profesionales de tu industria o líderes en el marketing de redes de mercadeo. Esto puede incluir entrevistas en podcast, coorganización de webinarios o participación en eventos en línea. Estas colaboraciones pueden exponer tu negocio a nuevas audiencias y generar leads.

6. Publicidad de Pago por Clic (PPC):

Utiliza estrategias de PPC, como Google Ads, para mostrar anuncios a personas que están buscando activamente productos o servicios similares a los tuyos. Asegúrate de que tus anuncios estén dirigidos a palabras clave relevantes y que dirijan a los usuarios a páginas de destino efectivas.

7. Participación en Grupos y Comunidades en Línea:

Únete a grupos y comunidades en línea relacionados con tu nicho de mercado. Participa activamente y ofrece información valiosa. Esto puede generar confianza y llevar a los miembros de la comunidad a interesarse en lo que tienes para ofrecer.

8. Webinarios y Eventos en Vivo:

Organiza webinarios y eventos en vivo sobre temas relevantes para tu audiencia. Promociona estos eventos a través de tus canales de marketing y utiliza formularios de registro para capturar la información de contacto de los asistentes.

9. Programas de Referencia y Recompensas:

Implementa programas de referencias que recompensen a tus clientes y miembros de la red por recomendar tu negocio a otros. Las referencias de clientes satisfechos a menudo son fuentes valiosas de leads.

10. Contenido Viral y Concursos:

Crea contenido que tenga el potencial de volverse viral, como desafíos o concursos en redes sociales. Esto puede aumentar la visibilidad de tu negocio y atraer nuevos leads.

Hacer Seguimiento de Prospectos:

Una vez que hayas generado leads, es crucial hacer un seguimiento adecuado para convertirlos en clientes o miembros de tu red de mercadeo. Aquí hay un enfoque paso a paso para hacerlo de manera efectiva:

1. Clasifica y Prioriza Tus Leads:

No todos los leads son iguales. Clasifica tus leads en función de su nivel de interés y su potencial para convertirse en clientes o miembros de tu red. Esto te ayudará a priorizar tu tiempo y recursos en los leads más prometedores.

2. Segmenta tu Lista de Leads:

Segmenta tu lista de leads en función de criterios como el nivel de interés, la ubicación geográfica o las preferencias específicas. Esto te permitirá enviar mensajes personalizados y relevantes.

3. Automatiza la Comunicación Inicial:

Utiliza herramientas de automatización de marketing para enviar mensajes de seguimiento iniciales. Esto puede incluir correos electrónicos de agradecimiento por la suscripción o mensajes de confirmación de inscripción en un evento en línea.

4. Desarrolla Relaciones Personales:

A medida que avanzas en el proceso de seguimiento, busca desarrollar relaciones personales con tus leads. Responde a sus preguntas y preocupaciones de manera oportuna y personalizada.

5. Ofrece Valor Constantemente:

Proporciona contenido valioso y relevante a lo largo del proceso de seguimiento. Esto puede incluir consejos, casos de estudio, testimonios y más.

6. Programa Seguimientos Periódicos:

Programa seguimientos periódicos para mantener una comunicación constante con tus leads. Establece un calendario de seguimiento que incluya correos electrónicos, llamadas telefónicas o mensajes en redes sociales.

7. Ofrece Soluciones a sus Necesidades:

Identifica las necesidades y desafíos de tus leads y ofrece soluciones específicas a medida que avanzas en la conversación.

8. Escucha Activamente:

Escucha activamente las preocupaciones y preguntas de tus leads. Esta es una oportunidad para comprender sus necesidades y construir una relación de confianza.

9. Presenta Tu Oportunidad de Red de Mercadeo:

Cuando sea apropiado, presenta tu oportunidad de red de mercadeo. Explica los beneficios y el potencial de ingresos de unirse a tu equipo.

10. Ofrece Soporte Continuo:

Una vez que un lead se convierta en miembro de tu red de mercadeo o cliente, continúa ofreciendo soporte y seguimiento para garantizar su éxito y satisfacción.

Herramientas y Tecnología para el Seguimiento:

- **Sistemas de CRM (Customer Relationship Management):** Utiliza una plataforma de CRM para gestionar y realizar un seguimiento de tus leads y clientes.

- **Herramientas de Email Marketing:** Utiliza herramientas de email marketing como Mailchimp o ConvertKit para enviar correos electrónicos automatizados y personalizados.
- **Herramientas de Automatización de Marketing:** Utiliza herramientas de automatización de marketing como HubSpot o Marketo para automatizar el seguimiento y la comunicación.
- **Calendarios y Recordatorios:** Utiliza calendarios y recordatorios para programar seguimientos y mantener un registro de tus interacciones con los leads.

Métricas y Seguimiento de Resultados:

Es importante medir y evaluar el rendimiento de tus estrategias de generación de leads y seguimiento. Algunas métricas clave a seguir incluyen:

- **Tasa de Conversión de Leads a Clientes o Miembros de la Red:** Mide cuántos de tus leads se convierten en clientes o miembros.
- **Tasa de Apertura y Clics de Correo Electrónico:** Evalúa la efectividad de tus campañas de email marketing.
- **Tasa de Conversión en Landing Pages:** Mide cuántos visitantes de landing pages se convierten en leads.
- **Tasa de Abandono del Embudo de Ventas:** Identifica en qué etapa del embudo la mayoría de los leads abandonan el proceso.
- **Tiempo Promedio en el Embudo:** Evalúa cuánto tiempo lleva convertir un lead en cliente o miembro de la red.

Optimización Continua:

La generación de leads y el seguimiento son procesos en constante evolución. Realiza pruebas y experimentos para mejorar tus tasas de conversión y ajusta tu enfoque según los resultados. Escucha el feedback de tus leads y ajusta tu estrategia en consecuencia.

En resumen, la generación de leads y el seguimiento efectivo de prospectos son elementos cruciales para el éxito en el negocio de redes de mercadeo.

Comienza por atraer leads de alta calidad a través de diversas estrategias y luego realiza un seguimiento cuidadoso, ofreciendo valor constante y presentando tu oportunidad de negocio cuando sea apropiado. Con las herramientas adecuadas y una estrategia sólida, puedes convertir leads en clientes y miembros de la red, lo que impulsará el crecimiento de tu negocio.

Estrategias para cerrar ventas.

Cerrar ventas en el negocio de redes de mercadeo es una habilidad esencial para lograr el crecimiento y el éxito. La capacidad de persuadir y convertir a prospectos en clientes o miembros de tu red es fundamental. En esta guía detallada, exploraremos estrategias efectivas para cerrar ventas y hacer crecer tu negocio de redes de mercadeo.

Estrategias de Cierre de Ventas en Redes de Mercadeo:

1. Conoce a tu Cliente Ideal:

Antes de intentar cerrar una venta, es esencial comprender quién es tu cliente ideal. Esto implica identificar sus necesidades, deseos, problemas y aspiraciones. Cuanto mejor conozcas a tu audiencia, más efectiva será tu estrategia de cierre.

2. Establece una Relación de Confianza:

La confianza es la base de cualquier transacción. Antes de intentar cerrar una venta, trabaja en establecer una relación de confianza con tu prospecto. Escucha sus preocupaciones, responde a sus preguntas y muestra interés genuino en ayudar.

3. Presenta una Solución Relevante:

Una vez que comprendas las necesidades de tu prospecto, presenta una solución que sea relevante para sus problemas o deseos. Destaca cómo tus productos o servicios pueden ayudarlos a alcanzar sus objetivos.

4. Utiliza la Técnica del "Toma de Decisiones":

Esta técnica implica guiar al prospecto a través del proceso de toma de decisiones. Puedes hacer preguntas que los lleven a pensar en las ventajas de tu oferta y cómo esta puede resolver sus problemas. Por ejemplo, "¿Cómo te sentirías si pudieras resolver [problema] con nuestra solución?"

5. Muestra Beneficios, no Características:

En lugar de simplemente enumerar las características de tus productos o servicios, enfócate en los beneficios que ofrecen. Los beneficios explican cómo tu oferta puede mejorar la vida o el negocio del prospecto.

6. Maneja Objecciones con Habilidad:

Es probable que los prospectos planteen objeciones antes de tomar una decisión de compra. Aprende a manejar estas objeciones de manera efectiva. Escucha atentamente, comprende la preocupación y ofrece respuestas convincentes.

7. Utiliza el Principio de la Urgencia:

Crear una sensación de urgencia puede impulsar a los prospectos a tomar decisiones rápidas. Ofrece incentivos temporales, como descuentos por tiempo limitado o bonos especiales, para motivar la acción inmediata.

8. Ofrece Garantías y Políticas de Devolución:

La preocupación por el riesgo es un obstáculo común para las ventas. Ofrecer garantías sólidas y políticas de devolución flexibles puede reducir la percepción de riesgo y aumentar la confianza del prospecto.

9. Utiliza el Cierre Alternativo:

Esta técnica consiste en ofrecer al prospecto dos opciones, ambas de las cuales llevan al cierre de la venta. Por ejemplo, "¿Preferirías comenzar con nuestro paquete básico o nuestro paquete premium?" Esto les hace sentir que tienen el control y están tomando una decisión, lo que puede aumentar las posibilidades de cierre.

10. Apóyate en el Testimonio Social:

Los testimonios de clientes satisfechos pueden ser poderosas herramientas de cierre. Muestra testimonios que respalden la efectividad de tu producto o servicio y demuestren que otros han tenido éxito al trabajar contigo.

11. Ofrece Beneficios Exclusivos para Miembros de la Red:

Si estás en el negocio de redes de mercadeo, destaca los beneficios exclusivos de unirse a tu red. Esto puede incluir formación, apoyo de equipo y oportunidades de ingresos adicionales.

12. Cierra la Venta de Forma Natural:

Cuando percibas que el prospecto está listo para comprar, cierra la venta de forma natural. Haz preguntas de cierre, como "¿Estás listo para comenzar?" o "¿En qué fecha te gustaría recibir tu pedido?".

13. Sigue el Proceso de Cierre:

Existen diferentes procesos de cierre de ventas, como el método SPIN (Situación, Problema, Implicación, Necesidad), el método de "Puertas" (abrir, responder, preguntar) y otros. Familiarízate con estos procesos y elige el que mejor se adapte a tu estilo y negocio.

14. No Tengas Miedo al "No"

A veces, un "no" es solo un paso más hacia un "sí". No temas recibir una negativa; en su lugar, busca comprender las razones detrás de ella y ajusta tu enfoque en consecuencia.

15. Capacita a Tu Equipo en Técnicas de Cierre:

Si lideras un equipo de redes de mercadeo, capacita a tus miembros en técnicas efectivas de cierre de ventas. Bríndales entrenamiento y apoyo para que puedan cerrar ventas de manera exitosa.

16. Realiza un Seguimiento Postventa:

Después de cerrar una venta, el seguimiento postventa es clave para mantener satisfechos a tus clientes. Pregúntales sobre su experiencia y ofréceles apoyo continuo.

17. Mide y Evalúa Resultados:

Mide tus tasas de conversión y evalúa el éxito de tus estrategias de cierre. Ajusta tu enfoque según los resultados y busca oportunidades de mejora.

18. Sé Persistente pero Respetuoso:

La persistencia puede ser efectiva, pero siempre respeta los límites del prospecto. Si muestran un desinterés claro, no insistas en exceso.

19. Mantén una Actitud Positiva:

Una actitud positiva es contagiosa y puede influir en la decisión de compra de un prospecto. Mantén una actitud optimista y enfócate en la posibilidad de un resultado positivo.

20. Celebra tus Éxitos:

No subestimes la importancia de celebrar tus éxitos en el cierre de ventas. Reconoce tus logros y comparte tus victorias con tu equipo para mantener la motivación.

En resumen, cerrar ventas en el negocio de redes de mercadeo requiere una combinación de habilidades de comunicación, empatía y estrategia. Conoce a tu audiencia, establece relaciones de confianza, presenta soluciones relevantes y utiliza técnicas de cierre efectivas. Capacita a tu equipo en estas estrategias y sigue evaluando y ajustando tu enfoque para lograr un crecimiento constante en tu negocio. Cerrar ventas de manera exitosa es fundamental para alcanzar tus objetivos en el mundo del marketing de redes de mercadeo.

Capítulo 7
Herramientas y Recursos Esenciales

Software y herramientas útiles para el seguimiento y la gestión de tu red.

La gestión y seguimiento efectivos de tu red en el negocio de redes de mercadeo son fundamentales para el crecimiento y el éxito continuo. Afortunadamente, existen numerosas herramientas y software disponibles que pueden simplificar estas tareas y mejorar la eficiencia de tu operación. En esta guía detallada, exploraremos las herramientas y software útiles que debes considerar para la gestión y el seguimiento de tu red de mercadeo.

Herramientas de Gestión de Redes de Mercadeo:

Sistemas de CRM (Customer Relationship Management):
Un CRM es una herramienta esencial para gestionar las relaciones con tus clientes y miembros de la red. Te permite almacenar información detallada sobre cada contacto, realizar seguimiento de interacciones, programar recordatorios y segmentar tu lista. Algunas opciones populares incluyen Salesforce, HubSpot CRM, Zoho CRM y Pipedrive.

Plataformas de Red de Mercadeo:
Estas plataformas están diseñadas específicamente para el negocio de redes de mercadeo. Proporcionan funciones como seguimiento de árbol genealógico, gestión de compensación, informes de comisiones y herramientas de colaboración de equipo. Ejemplos incluyen MarketPowerPRO, MLM Software Central y DirectScale.

Herramientas de Comunicación:

Una comunicación efectiva es esencial en el marketing de redes de mercadeo. Utiliza herramientas como el correo electrónico, mensajes de texto, videoconferencias y chat en tiempo real para mantener una comunicación constante con tu red. Plataformas como Zoom, Slack, Microsoft Teams y WhatsApp son útiles para esto.

Plataformas de Capacitación y Educación:

Proporcionar capacitación continua a tu red es clave para su éxito. Utiliza plataformas de educación en línea como Udemy, Teachable o Thinkific para crear y ofrecer cursos y materiales de capacitación. También puedes considerar la creación de tu propio sistema de capacitación en línea.

Herramientas de Automatización de Marketing:

La automatización de marketing te permite programar correos electrónicos, publicaciones en redes sociales y otras tareas repetitivas. Ejemplos incluyen HubSpot, ActiveCampaign y Mailchimp. Puedes usar estas herramientas para mantener a tu red informada y comprometida.

Herramientas de Análisis y Seguimiento:

El seguimiento y la medición son fundamentales para evaluar el rendimiento de tu red y tus esfuerzos de marketing. Google Analytics es una herramienta esencial para rastrear el tráfico web y las conversiones. También puedes considerar herramientas de seguimiento de enlaces como Bitly y herramientas de análisis de redes sociales.

Herramientas de Automatización de Marketing para el Seguimiento de Redes:

Automatización de Correos Electrónicos:

Utiliza herramientas de automatización de correos electrónicos para enviar correos electrónicos programados y personalizados a tu red. Puedes programar mensajes de seguimiento, enviar boletines informativos y mantener a tu red actualizada sobre eventos y promociones.

Programación de Publicaciones en Redes Sociales:

Herramientas como Buffer y Hootsuite te permiten programar publicaciones en varias plataformas de redes sociales. Esto facilita la creación de contenido y la publicación regular para mantener a tu red comprometida.

Automatización de Flujos de Trabajo:

Crea flujos de trabajo automatizados que se activen en función de ciertos eventos o acciones. Por ejemplo, puedes configurar un flujo de trabajo que envíe un correo electrónico de bienvenida cuando alguien se una a tu red o que envíe recordatorios de seguimiento a ciertos miembros.

Automatización de Respuestas y Chatbots:

Los chatbots pueden responder preguntas frecuentes de manera automática en tu sitio web o en redes sociales. También pueden calificar prospectos y dirigirlos a la información adecuada. Herramientas como ManyChat y Chatfuel son útiles para esto.

Herramientas de Seguimiento de Redes de Mercadeo:

Seguimiento de Árbol Genealógico:

Utiliza software de seguimiento de árbol genealógico para visualizar la estructura de tu red de mercadeo. Esto te permite ver quiénes son los patrocinadores, los miembros directos y cómo se expande tu red.

Seguimiento de Comisiones:

El seguimiento de comisiones es crucial en el marketing de redes de mercadeo. Las herramientas de seguimiento de comisiones te ayudan a calcular y registrar las ganancias de tus miembros y a asegurarte de que se les pague de manera precisa y oportuna.

Seguimiento de Ventas y Conversiones:

Utiliza herramientas de seguimiento de ventas y conversiones para rastrear las ventas generadas por tu red. Esto te permite medir el rendimiento de tus miembros y ajustar tus estrategias en consecuencia.

Seguimiento de Estadísticas de Red:

Realiza un seguimiento de estadísticas clave, como el crecimiento de tu red, las tasas de retención de miembros y el rendimiento de ventas en tiempo real. Estos datos te ayudarán a tomar decisiones informadas.

Consejos para la Implementación de Herramientas y Software:

- Investiga y compara diferentes herramientas antes de tomar una decisión. Considera factores como el precio, la facilidad de uso y las características específicas que necesitas.
- Proporciona capacitación a tu equipo sobre cómo utilizar las herramientas de manera efectiva. Una herramienta solo es útil si se utiliza correctamente.
- Mantén tus datos seguros y cumple con las regulaciones de privacidad, especialmente si estás manejando información confidencial de miembros y clientes.
- Aprovecha las pruebas gratuitas cuando estén disponibles para probar una herramienta antes de comprometerte a largo plazo.
- Mantén un sistema de respaldo de datos para proteger la información crítica en caso de fallos técnicos o pérdida de datos.

En resumen, las herramientas y software adecuados pueden marcar la diferencia en la gestión y el seguimiento efectivos de tu red de mercadeo. Desde sistemas de CRM hasta plataformas de automatización de marketing y seguimiento de comisiones, estas herramientas pueden ayudarte a ahorrar tiempo, mejorar la comunicación y aumentar la eficiencia en tu negocio. Al invertir en estas soluciones tecnológicas, estás mejorando tus posibilidades de éxito en el competitivo mundo del marketing de redes de mercadeo.

Plataformas de marketing por correo electrónico.

El marketing por correo electrónico es una herramienta poderosa para la gestión y el seguimiento de tu red en el negocio de redes de mercadeo. Te permite mantener una comunicación efectiva con tus miembros, proporcionarles información valiosa y promover productos y oportunidades. En esta guía detallada, exploraremos las plataformas de marketing por correo electrónico que debes considerar y cómo utilizarlas para hacer crecer tu negocio de redes de mercadeo.

Plataformas de Marketing por Correo Electrónico:

Mailchimp:

Mailchimp es una plataforma de marketing por correo electrónico muy popular que ofrece una amplia gama de herramientas. Puedes crear fácilmente campañas de correo electrónico, automatizar respuestas y segmentar tu lista de contactos. Además, ofrece informes detallados sobre el rendimiento de tus correos electrónicos.

Constant Contact:

Constant Contact es conocida por su facilidad de uso y plantillas profesionales. Permite crear campañas de correo electrónico, encuestas y eventos. También proporciona seguimiento de resultados y segmentación de contactos.

GetResponse:

GetResponse es una plataforma de marketing por correo electrónico que ofrece características avanzadas, como automatización de marketing y creación de embudos de ventas. También proporciona herramientas para la creación de landing pages y webinars.

AWeber:

AWeber es una plataforma que se enfoca en la automatización y la creación de secuencias de correo electrónico. Puedes configurar fácilmente flujos de trabajo de seguimiento y segmentar tus contactos en función de su comportamiento.

SendinBlue:

SendinBlue es una plataforma de marketing por correo electrónico y automatización de marketing que también incluye funciones de CRM. Permite la segmentación avanzada de contactos y ofrece un plan gratuito con límites generosos.

ConvertKit:

ConvertKit es especialmente popular entre los bloggers y creadores de contenido. Ofrece herramientas para la creación de secuencias de correo electrónico y automatización basada en etiquetas. Es ideal para quienes desean un enfoque más personalizado.

HubSpot:

HubSpot ofrece una suite completa de marketing y ventas que incluye marketing por correo electrónico. Es conocido por su CRM gratuito y permite crear secuencias de correo electrónico, segmentar contactos y realizar un seguimiento de las interacciones.

Cómo Utilizar Plataformas de Marketing por Correo Electrónico en el Negocio de Redes de Mercadeo:

Ahora, exploremos cómo puedes utilizar estas plataformas de marketing por correo electrónico para hacer crecer tu negocio de redes de mercadeo de manera efectiva:

Captura de Leads:

Utiliza formularios de suscripción en tu sitio web y en tus materiales de marketing para capturar leads interesados en tu negocio y productos. Ofrece algo de valor, como una guía gratuita o un curso, a cambio de sus direcciones de correo electrónico.

Segmentación de Contactos:

Segmenta tu lista de contactos en función de diversos criterios, como nivel de interés, ubicación geográfica o comportamiento previo. Esto te permite enviar mensajes específicos y personalizados a diferentes grupos.

Secuencias de Correo Electrónico:

Configura secuencias de correo electrónico automatizadas para mantener una comunicación constante con tus miembros y prospectos. Estas secuencias pueden incluir correos electrónicos de bienvenida, capacitación, seguimiento y promocionales.

Ofrece Contenido Valioso:

Proporciona contenido valioso en tus correos electrónicos, como consejos de negocio, historias de éxito o información sobre productos. Esto ayuda a mantener a tus miembros comprometidos y educados.

Automatización de Marketing:

Utiliza la automatización de marketing para enviar correos electrónicos específicos en función del comportamiento del destinatario. Por ejemplo, puedes enviar un correo electrónico de seguimiento a alguien que abrió un correo electrónico anterior pero no realizó una compra.

Promoción de Productos y Oportunidades:

Promociona tus productos y oportunidades de negocio a través de correos electrónicos estratégicos. Destaca los beneficios y las ventajas de unirse a tu red o adquirir tus productos.

Personalización:

Personaliza tus correos electrónicos utilizando el nombre del destinatario y otros datos relevantes. Esto crea una conexión más fuerte y demuestra que te preocupas por sus necesidades individuales.

Pruebas A/B:

Realiza pruebas A/B en tus correos electrónicos para determinar qué líneas de asunto, contenido y llamados a la acción son más efectivos. Ajusta tus estrategias según los resultados.

Medición de Resultados:

Utiliza las métricas proporcionadas por la plataforma de marketing por correo electrónico para medir el rendimiento de tus campañas. Evalúa las tasas de apertura, las tasas de clics, las tasas de conversión y el retorno de la inversión (ROI).

Mantén la Legalidad:

Asegúrate de cumplir con las regulaciones de privacidad y las leyes de correo electrónico, como el Reglamento General de Protección de Datos (GDPR) y la Ley CAN-SPAM. Obtén el consentimiento adecuado antes de enviar correos electrónicos y ofrece opciones de exclusión voluntaria.

Consejos Adicionales:

- Mantén una frecuencia de envío equilibrada. No satures la bandeja de entrada de tus contactos con correos electrónicos.
- Prueba diferentes tipos de contenido, como videos, imágenes y testimonios, en tus correos electrónicos para ver qué funciona mejor.
- Personaliza la línea de asunto de tus correos electrónicos para captar la atención de los destinatarios y aumentar las tasas de apertura.
- Utiliza un lenguaje claro y persuasivo en tus llamados a la acción para fomentar la acción deseada, ya sea unirse a tu red o comprar un producto.
- Ofrece incentivos ocasionales, como descuentos exclusivos o regalos, para mantener el interés de tu red y fomentar la participación.

En resumen, las plataformas de marketing por correo electrónico son herramientas esenciales en el negocio de redes de mercadeo. Te permiten mantener una comunicación efectiva con tu red, ofrecer contenido valioso y promover productos y oportunidades de manera estratégica. Al aprovechar estas plataformas de manera efectiva, puedes fortalecer las relaciones con tus miembros y prospectos, lo que, a su vez, contribuirá al crecimiento y al éxito continuo de tu negocio de redes de mercadeo.

Análisis de datos y seguimiento de resultados

El análisis de datos y el seguimiento de resultados son elementos fundamentales para el éxito en el negocio de redes de mercadeo. Estas actividades te proporcionan información valiosa sobre el rendimiento de tu red, tus estrategias de marketing y ventas, y te ayudan a tomar decisiones informadas para el crecimiento de tu negocio. En esta guía detallada, exploraremos los tipos de análisis de datos y seguimiento de resultados que debes considerar, así como cómo utilizarlos para hacer crecer tu negocio de redes de mercadeo de manera efectiva.

Tipos de Análisis de Datos y Seguimiento de Resultados en Redes de Mercadeo:

Análisis de Comisiones y Ganancias:

El seguimiento de las comisiones y ganancias es esencial en el negocio de redes de mercadeo, ya que te permite conocer cuánto estás ganando y cómo se distribuyen las comisiones dentro de tu red. Utiliza herramientas de seguimiento de comisiones para mantener un registro preciso y transparente de las ganancias.

Seguimiento de Ventas y Conversiones:

Realiza un seguimiento de las ventas generadas a través de tu red y tus esfuerzos de marketing. Esto incluye ventas de productos y oportunidades de negocio. Analiza qué productos son los más populares y qué estrategias de marketing son las más efectivas.

Análisis de Árbol Genealógico:

Utiliza herramientas de seguimiento de árbol genealógico para visualizar la estructura de tu red. Esto te permite identificar patrones de crecimiento, encontrar líderes emergentes y identificar áreas que necesitan atención.

Seguimiento de Retención de Miembros:

El seguimiento de la retención de miembros es clave para mantener una red sólida y activa. Analiza cuántos miembros se unen y cuántos permanecen activos con el tiempo. Identifica las razones detrás de la deserción y trabaja en estrategias para retener a tu red.

Análisis de Datos Demográficos:

Obtén información sobre la demografía de tu red, como la edad, el género, la ubicación geográfica y los intereses. Esto te ayudará a adaptar tus estrategias de marketing y contenido para satisfacer las necesidades de tu audiencia.

Seguimiento de Interacciones en Redes Sociales:

Si utilizas las redes sociales para promover tu negocio, realiza un seguimiento de las interacciones en tus perfiles. Analiza la cantidad de seguidores, likes, comentarios y compartidos. Evalúa qué tipo de contenido genera más compromiso.

Análisis de Correos Electrónicos:

Si empleas el marketing por correo electrónico, analiza el rendimiento de tus campañas. Mide las tasas de apertura, las tasas de clics y las tasas de conversión. Ajusta tus estrategias en función de los resultados.

Seguimiento de Enlaces y Códigos de Seguimiento:

Utiliza enlaces y códigos de seguimiento para rastrear la fuente de tus leads y ventas. Esto te ayuda a identificar qué canales de marketing son los más efectivos y dónde debes invertir más recursos.

Análisis de Contenido y Blogging:

Si mantienes un blog o produces contenido, realiza un seguimiento del rendimiento de tus publicaciones. Analiza cuáles son las publicaciones más populares, cuánto tiempo pasan los visitantes en tu sitio y cómo contribuye el contenido a la generación de leads.

Cómo Utilizar el Análisis de Datos y el Seguimiento de Resultados:

Una vez que hayas recopilado datos relevantes, es esencial utilizarlos de manera efectiva para impulsar el crecimiento de tu negocio de redes de mercadeo:

Identifica Patrones y Tendencias:

Examina tus datos para identificar patrones y tendencias. Por ejemplo, si notas que ciertos productos son más populares en ciertas regiones geográficas, puedes ajustar tu enfoque de marketing en consecuencia.

Toma Decisiones Informadas:

Utiliza los datos para tomar decisiones informadas sobre estrategias futuras. Por ejemplo, si descubres que ciertos canales de marketing generan más conversiones, puedes asignar más recursos a esos canales.

Ajusta Tus Estrategias:

Si los datos indican que ciertas estrategias no están funcionando, ajústalas o reemplázalas por enfoques más efectivos. No temas cambiar de rumbo si los datos respaldan esa decisión.

Establece Objetivos Medibles:

Define objetivos claros y medibles basados en tus datos. Esto te ayudará a mantener un enfoque y a evaluar el éxito de tus iniciativas.

Evalúa el Retorno de la Inversión (ROI):

Calcula el ROI de tus estrategias de marketing y publicidad. Comprende cuánto estás gastando en comparación con cuánto estás ganando y ajusta tus inversiones en consecuencia.

Comunica los Resultados a tu Red:

Mantén a tu red informada sobre los resultados y logros. Esto ayuda a mantener a tus miembros motivados y comprometidos.

Implementa Cambios Graduales:

En lugar de realizar cambios drásticos, implementa ajustes graduales basados en los datos. Esto te permitirá evaluar el impacto de los cambios y hacer correcciones según sea necesario.

Mide el Progreso a Largo Plazo:

El seguimiento de resultados no se trata solo de observar el rendimiento a corto plazo. Continúa midiendo y evaluando el progreso a lo largo del tiempo para garantizar un crecimiento sostenible.

Consejos Adicionales:

- Utiliza herramientas de análisis y seguimiento de resultados específicas para tu industria. Muchas plataformas ofrecen métricas y herramientas personalizadas para redes de mercadeo.
- Capacita a tu equipo en la importancia del análisis de datos y el seguimiento de resultados. Anima a tus miembros a utilizar datos para tomar decisiones informadas.
- Mantén un registro ordenado de tus datos y resultados para facilitar la referencia futura y el análisis comparativo.
- No te obsesiones con los números. Si bien los datos son valiosos, también es importante mantener una visión estratégica más amplia de tu negocio.

En resumen, el análisis de datos y el seguimiento de resultados son componentes esenciales para el crecimiento y el éxito en el negocio de redes de mercadeo. Al recopilar y analizar datos relevantes, puedes tomar decisiones informadas, ajustar estrategias y mantener un enfoque orientado al crecimiento. La capacidad de utilizar los datos de manera efectiva es una de las habilidades más valiosas que puedes desarrollar en tu camino hacia el éxito en las redes de mercadeo.

Capítulo 8
Mantener y Escalar tu Red

Estrategias para mantener a tus miembros activos y motivados.

Mantener a tus miembros activos y motivados es esencial para el éxito continuo en el negocio de redes de mercadeo. Cuando tus miembros están comprometidos y motivados, son más propensos a trabajar en sus negocios, reclutar nuevos miembros y aumentar las ventas de productos. En esta guía detallada, exploraremos una variedad de estrategias que puedes implementar para mantener a tus miembros activos y motivados, lo que a su vez contribuirá al crecimiento de tu negocio de redes de mercadeo.

Estrategias para Mantener a tus Miembros Activos y Motivados:

Establece Objetivos Claros y Realistas:
Ayuda a tus miembros a establecer metas específicas y alcanzables. Esto les dará un sentido de dirección y logro a medida que avancen en su negocio. Trabaja con ellos para desglosar sus metas en pasos más pequeños y manejables.

Proporciona Capacitación Continua:
Ofrece capacitación constante y recursos educativos para tus miembros. Esto les permite desarrollar sus habilidades y conocimientos en el negocio. Puedes organizar webinars, seminarios en línea y proporcionar material de capacitación.

Crea una Comunidad de Apoyo:

Fomenta la construcción de relaciones sólidas dentro de tu red. Una comunidad de apoyo puede ayudar a mantener a los miembros motivados y comprometidos. Puedes organizar eventos, grupos de discusión en línea y reuniones regulares para promover la interacción entre miembros.

Reconoce y Celebra los Logros:

Reconoce públicamente los logros de tus miembros, ya sean pequeños o grandes. Celebra los hitos, como alcanzar un nuevo rango, superar ventas personales anteriores o reclutar nuevos miembros. El reconocimiento motiva y refuerza la autoestima.

Ofrece Incentivos y Recompensas:

Implementa programas de incentivos y recompensas para tus miembros. Pueden incluir bonificaciones, regalos, viajes de incentivos o reconocimiento especial. Los incentivos pueden ser poderosas herramientas de motivación.

Proporciona Herramientas de Automatización:

Simplifica el trabajo de tus miembros proporcionándoles herramientas de automatización para tareas repetitivas. Esto les permite ahorrar tiempo y centrarse en actividades más estratégicas.

Fomenta el Desarrollo Personal:

Apoya el crecimiento personal de tus miembros. Anímalos a asistir a conferencias, seminarios y programas de desarrollo personal. Un miembro motivado y seguro de sí mismo es más propenso a tener éxito en el negocio.

Mantén una Comunicación Constante:

Mantén una comunicación regular con tus miembros a través de correos electrónicos, llamadas telefónicas o reuniones en línea. Pregunta cómo se sienten, cuáles son sus desafíos y cómo puedes ayudar.

Promueve la Autonomía:

Anima a tus miembros a tomar la iniciativa y a asumir la responsabilidad de sus negocios. La autonomía les da un mayor sentido de propiedad y control.

Comparte Historias de Éxito:

Comparte historias de éxito de otros miembros de tu red. Esto muestra lo que es posible y motiva a otros a seguir sus pasos. Las historias de éxito también pueden ilustrar estrategias efectivas.

Ayuda en la Resolución de Problemas:

Ofrece apoyo y orientación cuando tus miembros enfrenten desafíos. Ayúdales a encontrar soluciones y a superar obstáculos. Un líder que está dispuesto a ayudar inspira confianza.

Promueve la Diversión y el Disfrute:

Organiza eventos y actividades divertidas dentro de tu red. La diversión y el disfrute pueden ayudar a mantener a los miembros entusiasmados y comprometidos.

Fomenta la Educación Financiera:

La educación financiera es esencial en el negocio de redes de mercadeo. Proporciona recursos y capacitación sobre gestión financiera, ahorro e inversión.

Sé un Ejemplo a Seguir:

Como líder, tu actitud y comportamiento son observados por tu red. Sé un ejemplo a seguir en términos de ética de trabajo, compromiso y perseverancia.

Evalúa el Progreso y Ofrece Retroalimentación:

Realiza un seguimiento del progreso de tus miembros y ofrece retroalimentación constructiva. Ayúdales a identificar áreas de mejora y a establecer nuevos objetivos.

Consejos Adicionales:

- Escucha activamente a tus miembros y muestra empatía hacia sus preocupaciones y necesidades.
- Comparte tu propia historia de éxito y tus desafíos superados para inspirar a tus miembros.
- Asegúrate de que tus miembros comprendan la visión y los valores de tu red, lo que les ayudará a sentirse parte de algo más grande.
- Mantén una actitud positiva y optimista, incluso en momentos de dificultad.
- Sé accesible y disponible para tus miembros, y responde a sus preguntas y consultas de manera oportuna.

En resumen, mantener a tus miembros activos y motivados es esencial para el crecimiento continuo de tu negocio de redes de mercadeo. Utiliza estas estrategias para crear un entorno en el que tus miembros se sientan apoyados, empoderados y comprometidos. Cuando tus miembros prosperan, tu negocio prospera, y el éxito en las redes de mercadeo se vuelve más alcanzable para todos en tu red.

Cómo lidiar con desafíos y obstáculos comunes.

Lidiar con desafíos y obstáculos es una parte fundamental de cualquier negocio, y el mundo de las redes de mercadeo no es la excepción. A medida que construyes y haces crecer tu red, te enfrentarás a una serie de desafíos comunes. Lo importante es aprender a abordarlos de manera efectiva para que no obstaculicen el crecimiento de tu negocio. En esta guía detallada, exploraremos los desafíos más comunes en una red de mercadeo y cómo puedes superarlos para impulsar el crecimiento de tu negocio.

Desafío 1: Resistencia Inicial

El comienzo de tu negocio de redes de mercadeo puede ser desafiante debido a la resistencia inicial de las personas hacia el concepto. Muchas personas son escépticas y pueden rechazar tu oferta antes de escucharla adecuadamente.

Cómo Superarlo:

- **Educa a tu Audiencia:** Proporciona información clara y objetiva sobre tu negocio y el modelo de redes de mercadeo. Comparte historias de éxito y testimonios creíbles.
- **Desarrolla tus Habilidades de Comunicación:** Aprende a presentar tu oportunidad de manera convincente. Escucha las preocupaciones de las personas y ofrece soluciones a sus problemas.
- **Mantén una Actitud Positiva:** La persistencia y una actitud positiva pueden ser contagiosas. Mantén la confianza en tu negocio y en ti mismo.

Desafío 2: Rechazo y Objeciones

El rechazo es una parte natural del negocio de redes de mercadeo. Las personas pueden decir "no" por diversas razones, desde falta de interés hasta escepticismo.

Cómo Superarlo:

- **No lo Toma de Forma Personal:** El rechazo no es un rechazo a ti como persona, sino a la oportunidad que presentas. No te desanimes por un "no."
- Maneja Objeciones con Calma: Aprende a abordar las objeciones de manera constructiva. Escucha cuidadosamente las preocupaciones de las personas y ofréceles información que las ayude a tomar una decisión informada.
- **Sigue el Sistema:** Si tu empresa de redes de mercadeo tiene un sistema probado, síguelo. Un sistema efectivo puede proporcionarte las respuestas a muchas objeciones comunes.

Desafío 3: Construir una Red Activa

Uno de los mayores desafíos en el negocio de redes de mercadeo es construir y mantener una red activa de distribuidores o miembros.

Cómo Superarlo:
- **Enfócate en el Entrenamiento**: Proporciona capacitación efectiva a tus miembros para que se sientan competentes y seguros en su papel. Cuanto mejor entrenados estén, más activos serán.
- **Establece Expectativas Claras:** Desde el principio, comunica las expectativas sobre el trabajo y el compromiso requeridos. Esto ayuda a evitar malentendidos más adelante.
- **Fomenta la Autonomía:** Anima a tus miembros a asumir la responsabilidad de sus propios negocios. La autonomía les da un mayor sentido de propiedad y compromiso.

Desafío 4: Retención de Miembros

La retención de miembros es un desafío constante en el negocio de redes de mercadeo. Mantener a tus miembros activos a lo largo del tiempo puede ser complicado.

Cómo Superarlo:
- **Ofrece Soporte Continuo:** Proporciona un sistema de apoyo constante que incluya capacitación, reuniones regulares y comunicación efectiva.
- **Reconoce y Celebra los Logros:** Reconoce públicamente los logros de tus miembros, lo que refuerza su compromiso.
- **Comunica la Visión a Largo Plazo:** Ayuda a tus miembros a comprender la visión a largo plazo de tu negocio y cómo encajan en ella.

Desafío 5: Administración de Tiempo

La gestión del tiempo es un desafío en cualquier negocio, y en las redes de mercadeo, donde a menudo tienes que equilibrar un trabajo a tiempo completo y la construcción de tu red, es aún más crucial.

Cómo Superarlo:
- **Establece Prioridades:** Identifica las tareas más importantes y enfócate en ellas. Dedica tiempo a actividades que generen ingresos y crecimiento.
- **Planificación Eficiente:** Utiliza herramientas de gestión del tiempo y crea un horario que te permita ser más productivo.
- **Delega Tareas:** A medida que tu negocio crece, considera la posibilidad de delegar ciertas tareas para liberar tu tiempo.

Desafío 6: Cumplimiento Legal y Regulaciones

El negocio de redes de mercadeo a menudo está sujeto a regulaciones y normativas legales que pueden variar según el país o la región.

Cómo Superarlo:
- **Investiga las Regulaciones Locales:** Asegúrate de conocer las leyes y regulaciones aplicables a tu negocio en tu área.
- **Trabaja con Profesionales**: Si es necesario, consulta con un abogado o un asesor legal para asegurarte de que tu negocio cumple con las normativas locales.
- **Mantén Transparencia:** Sé transparente en tu comunicación y evita hacer afirmaciones exageradas o engañosas.

Desafío 7: Cambios en la Empresa o Producto

Las empresas de redes de mercadeo pueden experimentar cambios en su estructura, productos o planes de compensación, lo que puede afectar a tus miembros.

Cómo Superarlo:

- **Comunicación Clara:** Mantén a tus miembros informados sobre cualquier cambio importante en tu empresa. La comunicación clara es clave para mantener la confianza.
- **Adapta tus Estrategias:** Ajusta tus estrategias a los cambios en el negocio para seguir siendo efectivo.

Desafío 8: Mantener la Motivación Personal

Mantener la motivación personal a lo largo del tiempo puede ser un desafío. Puedes enfrentar momentos de duda o desánimo.

Cómo Superarlo:

- **Establece Metas Personales:** Define metas personales que te ayuden a mantenerte enfocado y motivado.
- **Mantén un Entorno Positivo:** Rodéate de personas y recursos que te inspiren y apoyen.
- **Auto-Cuidado**: No descuides tu bienestar físico y emocional. El auto-cuidado es fundamental para mantener una mentalidad positiva.

Conclusión:

Los desafíos son una parte natural del negocio de redes de mercadeo. Lo importante es abordarlos de manera efectiva y utilizarlos como oportunidades de crecimiento y aprendizaje. A medida que superas estos desafíos, fortaleces tu habilidad para liderar y gestionar una red de mercadeo exitosa. No te rindas, mantén una mentalidad positiva y sigue trabajando hacia tus metas y sueños en el mundo de las redes de mercadeo.

Métodos para expandir y diversificar tu red.

Expandir y diversificar una red en el campo de las redes de mercadeo es esencial para el crecimiento y el éxito continuo del negocio. A continuación, te presentaré métodos detallados para lograrlo.

Métodos para Expandir y Diversificar tu Red en Redes de Mercadeo

Identifica tu Mercado Objetivo: Antes de expandir o diversificar tu red, es fundamental comprender tu mercado objetivo. ¿Quiénes son las personas que más podrían beneficiarse de tu producto o servicio? ¿Cuáles son sus necesidades y deseos? Definir tu mercado objetivo te ayudará a dirigir tus esfuerzos de manera más efectiva.

Amplía tu Círculo Personal: Uno de los primeros pasos para expandir tu red es contactar a amigos, familiares y conocidos. Muchas veces, las personas más cercanas a ti pueden ser tus primeros prospectos. Sin embargo, es importante abordar esto con tacto y profesionalismo para evitar conflictos personales.

Asiste a Eventos de la Industria: Participar en eventos, conferencias y ferias comerciales relacionados con tu industria es una excelente manera de conocer a nuevas personas interesadas en tu campo. Estos eventos ofrecen oportunidades para establecer conexiones significativas y aumentar tu red.

Utiliza las Redes Sociales: Las redes sociales son herramientas poderosas para expandir tu red de mercadeo. Crea perfiles profesionales en plataformas como LinkedIn, Facebook, Instagram y Twitter. Comparte contenido relevante y establece conexiones con otros profesionales de tu industria.

Colabora con Otros Líderes de Redes: Busca colaboraciones con otros líderes o empresarios en tu industria. Estas colaboraciones pueden incluir coorganizar eventos, webinars conjuntos o promociones cruzadas. Al hacerlo, puedes acceder a sus redes y audiencias.

Ofrece Capacitación y Apoyo: Brindar capacitación y apoyo sólidos a los miembros de tu red existente puede motivarlos a expandir sus propias redes. Cuanto más éxito tengan tus miembros, más se fortalecerá tu red en general.

Desarrolla una Página de Captura en Línea: Crea una página de captura o un sitio web específico para tu negocio de redes de mercadeo.

Esto te permitirá atraer prospectos interesados y recopilar información de contacto para un seguimiento posterior.

Utiliza Estrategias de Contenido: El marketing de contenido es una estrategia efectiva para atraer prospectos interesados. Crea blogs, videos, podcasts u otros tipos de contenido que sean relevantes para tu nicho de mercado y comparte esta información en línea.

Ofrece Programas de Referencia: Implementa un programa de referencias en el que recompenses a tus miembros por referir nuevos prospectos o distribuidores a tu red. Las recompensas pueden ser productos gratuitos, descuentos o bonificaciones en efectivo.

Explora Mercados Internacionales: Si tu empresa de redes de mercadeo tiene la capacidad de operar en mercados internacionales, considera expandirte a otras regiones. Esto puede abrir nuevas oportunidades de crecimiento y diversificación.

Fomenta la Diversidad en tu Red: La diversificación en términos de edad, género, antecedentes culturales y experiencias puede enriquecer tu red. Busca activamente la inclusión y promueve la diversidad dentro de tu organización.

Mantén una Comunicación Constante: La comunicación efectiva con tu red es esencial. Utiliza herramientas como correos electrónicos, boletines informativos y plataformas de mensajería para mantener a tus miembros informados y motivados.

Sé un Modelo a Seguir: Como líder de tu red, sé un modelo a seguir en términos de profesionalismo, ética de trabajo y dedicación. Tu ejemplo puede inspirar a otros a seguir tus pasos y expandir sus propias redes.

Realiza Capacitaciones y Seminarios Web: Organiza sesiones de capacitación y seminarios web para tu red. Estos eventos pueden proporcionar valiosos conocimientos y herramientas que ayudarán a tus miembros a crecer y diversificar sus propias redes.

Mide y Evalúa tu Progreso: Utiliza métricas clave para medir el crecimiento de tu red y la efectividad de tus estrategias de expansión. Ajusta tu enfoque en funcion de los resultados y las tendencias observadas.

En resumen, la expansión y diversificación de tu red en el mundo del mercadeo en red requiere un enfoque estratégico, perseverancia y la aplicación de diversas estrategias. Al seguir estos métodos y adaptarlos a tu situación específica, estarás mejor preparado para hacer crecer tu negocio de redes de mercadeo de manera efectiva y sostenible.

Capítulo 9
Cumplir con las Normativas y Ética

Regulaciones legales relacionadas con las redes de mercadeo.

Las regulaciones legales relacionadas con las redes de mercadeo varían según el país y, en algunos casos, incluso dentro de las regiones de un mismo país. Es importante comprender estas regulaciones para garantizar que tu negocio de redes de mercadeo cumpla con la ley y opere de manera ética y legal. A continuación, se detallarán algunas de las regulaciones legales más comunes que se aplican a las redes de mercadeo y cómo puedes usarlas para el crecimiento de tu negocio:

Leyes de Esquemas Piramidales: Muchos países tienen leyes que prohíben los esquemas piramidales. Estos esquemas se centran en reclutar a nuevos miembros sin ningún producto o servicio real que respalde el modelo. La mayoría de las leyes exigen que los ingresos provengan principalmente de la venta de productos o servicios, no de la incorporación de nuevos miembros. Aprovecha estas leyes para garantizar que tu negocio esté centrado en productos o servicios de calidad y no en la simple incorporación de personas.

Normativas sobre Divulgación de Información: En muchos países, las empresas de redes de mercadeo están obligadas a proporcionar información completa y precisa sobre la oportunidad de negocio y los productos o servicios. Esto incluye divulgar ingresos promedio, retención de miembros y políticas de devolución. Úsalo a tu favor para construir una reputación de transparencia y honestidad en tu negocio.

Leyes de Publicidad: Las leyes de publicidad se aplican a cualquier forma de promoción que realices para tu negocio de redes de mercadeo. Debes cumplir con las normativas sobre publicidad, que incluyen la veracidad de las afirmaciones, la divulgación de resultados típicos y la prohibición de afirmaciones engañosas o falsas. Cumplir con estas leyes te ayudará a construir una marca confiable.

Normativas de Protección al Consumidor: Las leyes de protección al consumidor pueden ser aplicables a tu negocio, especialmente en lo que respecta a la calidad de los productos o servicios que ofreces y las políticas de devolución. Utiliza esto para garantizar que tus productos sean seguros y cumplan con los estándares de calidad y que tengas políticas de devolución justas y transparentes.

Legislación sobre Contratos y Compensación: La estructura de compensación en las redes de mercadeo generalmente se basa en contratos. Asegúrate de que tus contratos sean claros, justos y cumplan con las leyes locales y nacionales. Esto ayudará a evitar problemas legales y a mantener relaciones sólidas con tus distribuidores.

Protección de Datos y Privacidad: Si recopilas información personal de tus distribuidores o clientes, debes cumplir con las leyes de protección de datos y privacidad. Esto incluye obtener consentimiento adecuado para recopilar y utilizar información personal y proteger esa información de manera segura.

Derechos de los Consumidores en Ventas Directas: Algunas jurisdicciones tienen regulaciones específicas para la venta directa, que pueden afectar la forma en que realizas tus ventas y promociones. Asegúrate de conocer y cumplir con estas regulaciones para evitar problemas legales.

Impuestos y Reportes Financieros: Cumple con todas las leyes fiscales y de reporte financiero aplicables. Esto incluye informar sobre tus ingresos y pagar los impuestos correspondientes. Mantén registros financieros precisos para cumplir con estas regulaciones.

Derechos de Propiedad Intelectual: Respeta los derechos de propiedad intelectual, como marcas registradas y derechos de autor. No utilices materiales protegidos sin permiso. Esto te ayudará a evitar demandas por infracción de propiedad intelectual.

Regulaciones Internacionales: Si planeas expandir tu negocio a nivel internacional, ten en cuenta las regulaciones legales en los países objetivo. Puede haber diferencias significativas en las leyes de redes de mercadeo en diferentes partes del mundo.

En resumen, es fundamental comprender y cumplir con las regulaciones legales relacionadas con las redes de mercadeo para mantener un negocio ético y sostenible. Utiliza estas regulaciones a tu favor para construir una marca confiable y mantener relaciones sólidas con tus distribuidores y clientes. La legalidad y la ética son fundamentales para el éxito a largo plazo en el mundo del mercadeo en red.

Prácticas éticas en el marketing de redes.

La ética en el marketing de redes es un componente fundamental para el éxito a largo plazo de tu negocio. Practicar la ética en todas las facetas de tu actividad en redes de mercadeo no solo te ayudará a construir una reputación sólida, sino que también contribuirá a la confianza y lealtad de tus miembros y clientes. En esta guía detallada, exploraremos cómo mantener prácticas éticas en el marketing de redes y cómo estas prácticas pueden impulsar el crecimiento de tu negocio.

1. Transparencia y Honestidad:

La transparencia y la honestidad son pilares fundamentales de la ética en el marketing de redes. Debes ser completamente transparente acerca de tu negocio, productos y oportunidad. Esto incluye proporcionar información precisa y completa a tus prospectos y miembros.

- **Cómo Aplicarlo:**
    - Proporciona información clara y precisa sobre el plan de compensación, productos y políticas de la empresa.

- Evita hacer afirmaciones exageradas o engañosas sobre los beneficios de unirse a tu red.
- Sé honesto acerca de los riesgos y desafíos involucrados en el negocio.

2. Cumplimiento de las Normativas Legales:

Cumplir con las regulaciones y leyes locales y nacionales es esencial para mantener prácticas éticas en el marketing de redes. Diferentes países pueden tener reglas específicas que rigen esta industria.

- **Cómo Aplicarlo:**
  - Investiga y comprende las regulaciones aplicables en tu área y asegúrate de que tu negocio esté en conformidad.
  - Consulta con asesores legales si es necesario para garantizar el cumplimiento.

3. No Promoción de Esquemas Piramidales:

Los esquemas piramidales son ilegales y poco éticos. En un esquema piramidal, los ingresos provienen principalmente de reclutar a nuevos miembros en lugar de vender productos o servicios legítimos.

- **Cómo Aplicarlo:**
  - Enfatiza la venta de productos o servicios como la fuente principal de ingresos en lugar de centrarte únicamente en el reclutamiento.
  - Educa a tus miembros sobre la diferencia entre un negocio legítimo de redes de mercadeo y un esquema piramidal.

4. Promoción de la Formación y el Desarrollo:

Fomentar la capacitación y el desarrollo de tus miembros es una práctica ética que les permite tener éxito en el negocio.

- **Cómo Aplicarlo:**
  - Proporciona recursos de capacitación efectivos, como seminarios web, materiales de capacitación y eventos.
  - Incentiva a tus miembros a invertir en su desarrollo personal y profesional.

5. Evitar el Spam y el Acoso:

El spam y el acoso son prácticas inaceptables en el marketing de redes y pueden dañar tu reputación y la de tu empresa.

- **Cómo Aplicarlo:**
  - No envíes correos electrónicos no deseados ni mensajes no solicitados a personas que no han dado su consentimiento para recibirlos.
  - Respeta los deseos de las personas que no están interesadas en tu oportunidad y evita acosarlas.

6. Trato Respetuoso y Ético de tus Miembros:

Tratar a tus miembros con respeto y ética es esencial para mantener relaciones sólidas y duraderas en tu red.

- **Cómo Aplicarlo:**
  - Escucha activamente las preocupaciones y necesidades de tus miembros.
  - Resuelve los problemas de manera justa y ética, y evita el favoritismo.

7. Evitar la Sobreventa:

No exagerar ni hacer afirmaciones falsas sobre tus productos o servicios es un principio ético importante.

- **Cómo Aplicarlo:**
  - Promociona tus productos o servicios de manera honesta y precisa, enfatizando sus beneficios reales.

- Evita afirmaciones exageradas sobre los resultados que se pueden lograr al usar tus productos.

8. No Engañar sobre la Inversión Requerida:

Ser honesto acerca de los costos involucrados en unirse a tu red es esencial.

- **Cómo Aplicarlo:**
    - Informa a tus prospectos sobre los costos iniciales y continuos, incluyendo tarifas de membresía y requisitos de compra.
    - No ocultes costos ni utilices tácticas de presión para que las personas se unan.

9. Respetar la Privacidad:

Respetar la privacidad de las personas es una práctica ética importante, especialmente cuando se trata de datos personales y financieros.

- **Cómo Aplicarlo:**
    - Cumple con las leyes de protección de datos y asegura la privacidad de la información de tus miembros y clientes.
    - No compartas ni vendas datos personales sin el consentimiento adecuado.

10. Fomentar una Cultura de Ética:

Como líder en tu red, puedes influir en la cultura ética de tu equipo y organización.

- **Cómo Aplicarlo:**
    - Establece un ejemplo de comportamiento ético y promueve una cultura de respeto y honestidad.
    - Educa a tus miembros sobre la importancia de la ética en el negocio y cómo pueden practicarla.

Conclusión:

La ética en el marketing de redes es fundamental para construir una red sólida y exitosa a largo plazo. Al seguir prácticas éticas, no solo te proteges a ti mismo y a tu negocio de posibles problemas legales, sino que también construyes confianza y lealtad entre tus miembros y clientes. Esto, a su vez, contribuirá al crecimiento sostenible de tu negocio de redes de mercadeo a medida que las personas reconozcan y valoren tu integridad y compromiso con la ética en los negocios.

Evitar estafas y esquemas piramidales.

Evitar estafas y esquemas piramidales en una red de mercadeo es de suma importancia tanto para tu integridad como para el éxito a largo plazo de tu negocio. Si bien las redes de mercadeo legítimas ofrecen oportunidades genuinas, el mundo de las inversiones y el mercadeo está plagado de estafadores y esquemas fraudulentos. En esta guía detallada, exploraremos cómo protegerte a ti mismo, a tus miembros y a tu negocio de estas prácticas fraudulentas y cómo promover prácticas éticas y legítimas en tu red de mercadeo.

¿Qué Son las Estafas y los Esquemas Piramidales en las Redes de Mercadeo?

Para comprender cómo evitar estafas y esquemas piramidales, primero debemos definir estos conceptos:

Estafas: Las estafas son prácticas fraudulentas diseñadas para engañar a las personas y tomar su dinero sin proporcionar ningún valor o producto genuino a cambio. Las estafas pueden presentarse de diversas formas, desde inversiones falsas hasta oportunidades de negocios ficticias.

Esquemas Piramidales: Los esquemas piramidales son estructuras en las que las personas son reclutadas para invertir dinero o comprar productos con la promesa de ganancias significativas. La clave de un esquema piramidal es que las ganancias provienen principalmente del reclutamiento de nuevos miembros en lugar de la venta de productos o servicios legítimos. Estos esquemas son insostenibles y, en última instancia, perjudican a la mayoría de los participantes.

Cómo Evitar Estafas y Esquemas Piramidales:

Ahora que hemos definido estos términos, exploremos cómo evitar caer en estafas y esquemas piramidales en el mundo del marketing de redes:

1. Investiga a Fondo:

Antes de unirte a cualquier oportunidad de negocio o red de mercadeo, es crucial investigar a fondo. Aquí hay algunos pasos a seguir:

- **Verifica la Legitimidad de la Empresa:** Investiga la empresa en cuestión. ¿Tiene una historia sólida y una reputación en la industria? ¿Está registrada y cumple con las regulaciones locales?
- **Comprueba el Producto o Servicio:** Asegúrate de que la empresa tenga un producto o servicio legítimo y valioso para ofrecer. ¿Existe una demanda genuina en el mercado?
- **Examina el Plan de Compensación:** Estudia el plan de compensación de la empresa. ¿Depende principalmente del reclutamiento o se basa en ventas de productos y servicios?

2. Escucha tu Instinto:

Tu intuición es una herramienta valiosa. Si algo parece demasiado bueno para ser verdad o te hace sentir incómodo, es importante escuchar esa señal de advertencia.

- **No te Dejes Presionar:** Evita situaciones en las que te sientas presionado para tomar una decisión rápida o invertir dinero sin tiempo para pensar.

3. Consulta con Expertos:

Si tienes dudas sobre una oportunidad o empresa en particular, busca la opinión de expertos en la industria o asesores financieros. Pueden proporcionarte información objetiva y ayudarte a tomar decisiones informadas.

4. Comparte Información con tus Miembros:

Como líder en tu red de mercadeo, es esencial compartir información sobre cómo identificar y evitar estafas y esquemas piramidales con tus miembros. La educación es clave para prevenir problemas.

5. Promueve la Ética en tu Equipo:

Fomentar una cultura de ética y honestidad en tu equipo es esencial para evitar que caigan en estafas. Enfatiza la importancia de promover productos y servicios legítimos y de valor.

6. Establece Criterios de Selección Claros:

Al reclutar nuevos miembros para tu red, establece criterios de selección claros. Esto puede incluir la preferencia por personas que estén interesadas en los productos o servicios en lugar de solo en el reclutamiento.

7. Evita los "Esquemas de Dinero Rápido":

Los esquemas que prometen riqueza rápida y ganancias desproporcionadas sin esfuerzo son un indicio de problemas. Evita estos tipos de oportunidades y educa a tus miembros sobre los riesgos asociados.

8. Consulta con Abogados o Asesores Legales:

Si tienes dudas sobre la legalidad de una oportunidad o empresa, consulta con un abogado o asesor legal especializado en esta área. Pueden proporcionarte orientación legal precisa.

9. Denuncia Estafas:

Si te encuentras con una estafa o esquema piramidal, no dudes en denunciarlo a las autoridades competentes o a las organizaciones de protección al consumidor en tu país.

Conclusión:

Evitar estafas y esquemas piramidales en una red de mercadeo es una responsabilidad importante tanto para ti como para tus miembros. Al ser proactivo en tu investigación, promover prácticas éticas y educar a tu equipo, puedes proteger a tu red y asegurarte de que todos trabajen en oportunidades legítimas y valiosas. La integridad y la ética son fundamentales para el éxito a largo plazo en el marketing de redes, y al seguir estos consejos, puedes construir un negocio sólido y confiable.

Capítulo 10
Éxito a Largo Plazo

Estrategias para crear un negocio sostenible en el tiempo.

La creación de un negocio sostenible en el tiempo en el campo de las redes de mercadeo es un objetivo clave para los emprendedores que desean lograr éxito a largo plazo. La sostenibilidad implica la capacidad de mantener y hacer crecer tu negocio de manera constante, incluso en circunstancias cambiantes. A continuación, se presentan estrategias fundamentales para crear un negocio de redes de mercadeo sostenible y asegurar su crecimiento a largo plazo:

1. Establece Objetivos Claros:

Comenzar con objetivos claros y medibles es fundamental. Define lo que deseas lograr con tu negocio de redes de mercadeo, ya sea aumentar tus ingresos, alcanzar un rango específico o expandir tu red. Estos objetivos te proporcionarán una dirección clara y te ayudarán a medir tu progreso.

2. Selecciona una Empresa Sólida:

Elegir la empresa de redes de mercadeo adecuada es un paso crítico para la sostenibilidad. Busca una empresa con una sólida trayectoria, una gama de productos o servicios de calidad y un plan de compensación justo y transparente.

3. Capacitación Continua:

La capacitación continua es esencial para mantenerte actualizado sobre las mejores prácticas en la industria. Asegúrate de estar al tanto de las últimas tendencias en marketing, ventas y liderazgo. También, proporciona capacitación constante a tu equipo para ayudarlos a crecer y prosperar.

4. Cultiva Relaciones Duraderas:

El éxito en las redes de mercadeo se basa en relaciones sólidas. Cultiva relaciones duraderas con tus miembros y clientes, brindando un excelente servicio al cliente y siendo accesible y comprensivo. Las relaciones sólidas conducen a la lealtad a largo plazo.

5. Diversifica tus Fuentes de Ingresos:

No dependas exclusivamente de una fuente de ingresos en tu negocio de redes de mercadeo. Si es posible, diversifica tu cartera de productos o servicios para atender a una variedad de mercados y necesidades.

6. Enfócate en la Venta de Productos:

Aunque el reclutamiento de nuevos miembros es importante, no descuides la venta de productos o servicios. La venta de productos sólidos es lo que sustenta tu negocio a largo plazo. Asegúrate de que tu equipo también comprenda la importancia de la venta.

7. Automatiza y Delega:

A medida que tu negocio crece, considera la automatización de tareas repetitivas y la delegación de responsabilidades. Esto te permite concentrarte en actividades de alto valor y crecimiento.

8. Monitorea y Evalúa Constantemente:

Mantén un seguimiento constante de tus métricas clave, como ventas, crecimiento de la red y retención de miembros. Evalúa regularmente tu estrategia y realiza ajustes según sea necesario.

9. Adapta tu Estrategia a las Tendencias del Mercado:

El mercado y la industria de las redes de mercadeo pueden cambiar rápidamente. Mantente flexible y dispuesto a adaptar tu estrategia a las tendencias emergentes y a las necesidades cambiantes de los consumidores.

10. Fomenta el Liderazgo en tu Equipo:

Ayuda a desarrollar líderes dentro de tu equipo. Esto no solo alivia la carga de liderazgo sino que también fortalece la sostenibilidad al crear una red de miembros autónomos y comprometidos.

11. Mantén una Actitud Positiva y Persistente:

El camino hacia la sostenibilidad puede ser desafiante, pero una actitud positiva y persistente es fundamental. Anticipa desafíos y obstáculos y enfrenta la adversidad con determinación y resiliencia.

12. Cumple con las Regulaciones y Normativas:

Asegúrate de cumplir con todas las regulaciones y normativas relevantes en tu área geográfica. Esto garantiza que tu negocio opere de manera legal y ética.

13. Construye una Marca Sólida:

La construcción de una marca sólida es esencial para la sostenibilidad. Crea una imagen de marca coherente y establece una reputación de confiabilidad y calidad en el mercado.

14. Fomenta la Comunicación Abierta:

Mantén líneas de comunicación abiertas y transparentes con tu equipo. Escucha sus preocupaciones, sugerencias y necesidades, y respóndelas de manera efectiva.

15. Planea para el Futuro:

Mira hacia el futuro y planifica estratégicamente. Considera cómo tu negocio puede evolucionar y crecer a medida que avanzas.

Conclusión:

Crear un negocio sostenible en el campo de las redes de mercadeo requiere un enfoque estratégico y una mentalidad de largo plazo. Al seguir estas estrategias y enfocarte en el crecimiento constante, puedes construir un negocio sólido que perdure en el tiempo y continúe proporcionándote ingresos significativos. La sostenibilidad es la clave para alcanzar el éxito duradero en el marketing de redes.

Diversificación de fuentes de ingresos.

La diversificación de fuentes de ingresos en tu negocio de redes de mercadeo es una estrategia clave para garantizar su crecimiento y estabilidad a largo plazo. Al depender de una sola fuente de ingresos, tu negocio puede volverse vulnerable a las fluctuaciones del mercado. A continuación, exploraremos cómo puedes diversificar tus fuentes de ingresos en el contexto de las redes de mercadeo para fortalecer tu negocio y maximizar tus ganancias.

1. Ofrece Diferentes Productos o Servicios:

Una de las formas más efectivas de diversificar tus fuentes de ingresos en el marketing de redes es ampliar tu gama de productos o servicios. Si tu empresa de redes de mercadeo ofrece múltiples líneas de productos o servicios, tienes la oportunidad de generar ingresos de diversas fuentes.

- Cómo hacerlo: Aprovecha la oferta de productos o servicios adicionales que tu empresa de redes de mercadeo pueda proporcionar. Esto te permitirá atender a un público más amplio y aumentar tus ventas.

2. Explora Múltiples Mercados o Nichos:

Además de ampliar tu gama de productos o servicios, puedes diversificar tus fuentes de ingresos explorando diferentes mercados o nichos dentro de tu empresa de redes de mercadeo.

- Cómo hacerlo: Identifica los mercados o nichos que puedan tener una demanda particular por los productos o servicios que ofreces y adapta tus estrategias de marketing y ventas para llegar a ellos de manera efectiva.

3. Venta Directa y Venta Online:

La venta directa es una estrategia tradicional en el marketing de redes, pero también puedes aprovechar el poder de Internet para expandir tus fuentes de ingresos.

- Cómo hacerlo: Además de la venta directa a través de reuniones y presentaciones, crea una presencia en línea sólida a través de un sitio web, redes sociales y tiendas en línea. Esto te permitirá alcanzar a un público más amplio y vender tus productos o servicios en línea.

4. Desarrolla Alianzas Estratégicas:

Colaborar con otras empresas o emprendedores puede abrir nuevas oportunidades de ingresos para tu negocio de redes de mercadeo.

- Cómo hacerlo: Busca alianzas estratégicas con empresas que complementen tus productos o servicios. Esto podría incluir acuerdos de afiliación, colaboraciones en eventos o programas de referidos mutuos.

5. Programas de Afiliados:

Los programas de afiliados te permiten promover productos o servicios de otras empresas y ganar comisiones por cada venta que generes.

- Cómo hacerlo: Investiga programas de afiliados relacionados con tu nicho de mercado y promociona productos o servicios complementarios a tu audiencia a través de tus canales de marketing.

6. Servicios de Consultoría o Capacitación:

Si tienes experiencia en tu industria o nicho, considera ofrecer servicios de consultoría o capacitación a otros emprendedores o miembros de tu equipo.

- Cómo hacerlo: Identifica las áreas en las que eres un experto y crea programas de capacitación o servicios de consultoría que puedas ofrecer para ayudar a otros a tener éxito en tu campo.

7. Desarrolla Tu Propio Producto o Servicio:

Crear tu propio producto o servicio puede proporcionarte un flujo de ingresos adicional y aumentar tu autoridad en tu nicho.

- Cómo hacerlo: Identifica una necesidad no cubierta en tu industria o nicho y crea un producto o servicio que la satisfaga. Luego, utiliza tus habilidades de marketing para promocionarlo a tu audiencia.

8. Inversiones y Bienes Raíces:

Considera diversificar tus fuentes de ingresos a través de inversiones en bienes raíces o en otros vehículos de inversión.

- **Cómo hacerlo:** Consulta a un asesor financiero o experto en inversiones para identificar oportunidades de inversión que se adapten a tu perfil de riesgo y objetivos financieros.

9. Creación de Contenido:

Si tienes habilidades en la creación de contenido, como escribir, grabar videos o podcasts, puedes monetizar tu contenido a través de plataformas en línea.

- **Cómo hacerlo:** Publica tu contenido en plataformas como YouTube, blogs o podcasts y utiliza estrategias como la publicidad en línea, el patrocinio y la venta de productos o servicios relacionados.

10. Programas de Recompensas y Lealtad:

Implementa programas de recompensas y lealtad para tus miembros o clientes existentes. Esto puede incentivar compras repetidas y referencias.

- **Cómo hacerlo:** Diseña programas de recompensas que ofrezcan descuentos, productos gratuitos o incentivos financieros a aquellos que traigan nuevos miembros o clientes.

11. Creación de una Marca Personal:

Desarrollar tu marca personal puede abrir oportunidades adicionales de ingresos a través de conferencias, libros, cursos en línea y más.

- Cómo hacerlo: Construye tu presencia en línea a través de blogs, redes sociales y conferencias. Comparte tu experiencia y conocimiento para atraer seguidores y oportunidades de ingresos.

12. Franquicias o Sucursales:

Si tu empresa de redes de mercadeo permite la expansión a través de franquicias o sucursales, considera esta opción.

- **Cómo hacerlo:** Investiga si tu empresa de redes de mercadeo ofrece oportunidades de franquicia o sucursales y explora la posibilidad de expandir tu presencia geográfica.

13. Servicios de Coaching o Mentoría:

Si tienes experiencia en el marketing de redes y el liderazgo, considera ofrecer servicios de coaching o mentoría a otros miembros de tu equipo.

- Cómo hacerlo: Ofrece sesiones de coaching individuales o programas de mentoría grupales para ayudar a otros a desarrollar sus habilidades y alcanzar el éxito en las redes de mercadeo.

14. Eventos y Seminarios:

Organiza eventos, conferencias o seminarios relacionados con tu industria o nicho y vende entradas o servicios relacionados.

- **Cómo hacerlo:** Planifica y promociona eventos que atraigan a tu audiencia y brinda contenido valioso, networking y oportunidades de ventas durante los eventos.

15. Expansión Geográfica:

Si tu empresa de redes de mercadeo permite la expansión a nivel internacional, considera abrir mercados en otros países.

- **Cómo hacerlo:** Investiga las regulaciones y oportunidades en mercados extranjeros y desarrolla estrategias de expansión efectivas.

Conclusión:

Diversificar tus fuentes de ingresos en el negocio de redes de mercadeo es fundamental para garantizar su crecimiento y sostenibilidad a largo plazo. Al implementar estas estrategias y explorar diferentes oportunidades de ingresos, estarás mejor preparado para enfrentar los desafíos cambiantes del mercado y maximizar tus ganancias. La diversificación de ingresos te brinda la seguridad financiera y la capacidad de adaptarte a las condiciones del mercado, lo que es esencial para construir un negocio de redes de mercadeo sólido y exitoso.

Cómo mantenerse actualizado y adaptarse a cambios en el mercado.

Mantenerse actualizado y adaptarse a los cambios en el mercado es esencial para el éxito continuo en el negocio de redes de mercadeo. El entorno empresarial, el comportamiento del consumidor y las tendencias tecnológicas están en constante evolución, y quienes no se adaptan pueden quedarse atrás. Aquí, exploraremos estrategias detalladas sobre cómo mantenerse actualizado y adaptarse a los cambios en el mercado para hacer crecer tu negocio de redes de mercadeo.

1. Educación Continua:

La educación continua es la base para mantenerse actualizado. Invierte tiempo y recursos en capacitación y desarrollo personal.

- **Cómo hacerlo:** Participa en cursos, seminarios web, talleres y conferencias relevantes para tu industria y negocio de redes de mercadeo. Mantente al tanto de las últimas tendencias en marketing, ventas y liderazgo.

2. Red de Contactos y Asesoramiento:

Construir una red sólida de contactos y buscar el asesoramiento de expertos puede proporcionarte información valiosa sobre los cambios en el mercado.

- **Cómo hacerlo:** Participa en eventos de la industria, únete a grupos profesionales y establece relaciones con líderes y colegas. Busca mentores o asesores que tengan experiencia en adaptarse a cambios en el mercado.

3. Estudio de la Competencia:

Analizar a tus competidores te ayudará a entender cómo están adaptándose a los cambios en el mercado y a identificar oportunidades.

- **Cómo hacerlo:** Investiga a tus competidores directos e indirectos. Analiza sus estrategias de marketing, productos, precios y enfoque en las redes de mercadeo.

4. Seguimiento de las Tendencias del Mercado:

Mantén un ojo en las tendencias emergentes en tu industria y en el mercado en general.

- **Cómo hacerlo:** Lee publicaciones especializadas, blogs, revistas y noticias relevantes para tu nicho de mercado. Sigue a líderes de opinión en las redes sociales y participa en conversaciones sobre tendencias actuales.

5. Feedback de Clientes y Miembros:

Los clientes y miembros de tu red pueden proporcionarte información valiosa sobre lo que está funcionando y lo que no.

- **Cómo hacerlo:** Establece canales de retroalimentación para recopilar comentarios de tus clientes y miembros. Utiliza encuestas, cuestionarios y entrevistas para obtener información sobre sus necesidades y expectativas.

6. Adaptación Tecnológica:

La tecnología está en constante evolución, y su adopción puede ayudarte a mantenerte competitivo.

- **Cómo hacerlo:** Investiga y adopta herramientas tecnológicas relevantes para tu negocio, como software de gestión de relaciones con el cliente (CRM), plataformas de marketing digital, análisis de datos y automatización de procesos.

7. Experimentación y Prueba de Nuevas Estrategias:

No temas probar nuevas estrategias y enfoques en tu negocio.

- **Cómo hacerlo:** Realiza pruebas piloto de nuevas estrategias antes de implementarlas a gran escala. Esto te permitirá evaluar su eficacia sin un riesgo excesivo.

8. Flexibilidad y Agilidad:

La flexibilidad y la agilidad son claves para adaptarse a los cambios rápidos en el mercado.

- **Cómo hacerlo:** Mantén una estructura organizativa que permita tomar decisiones y ajustes rápidos. Fomenta una cultura empresarial que valore la innovación y la adaptabilidad.

9. Análisis de Datos y Métricas:

El análisis de datos te proporciona información precisa sobre el rendimiento de tu negocio y te ayuda a tomar decisiones informadas.

- **Cómo hacerlo:** Utiliza herramientas de análisis de datos para rastrear métricas clave, como ventas, conversiones, retención de miembros y retorno de inversión (ROI). A partir de estos datos, ajusta tus estrategias según sea necesario.

10. Reevaluación Periódica de Estrategias:

No asumas que las estrategias que funcionaron en el pasado seguirán siendo efectivas. Debes estar dispuesto a adaptarte.

- **Cómo hacerlo:** Programa evaluaciones periódicas de tus estrategias de marketing, ventas y liderazgo. Considera lo que está funcionando y lo que no, y ajusta tus tácticas en consecuencia.

11. Monitoreo de Cambios en la Regulación:

Las regulaciones pueden cambiar y tener un impacto significativo en tu negocio de redes de mercadeo.

- **Cómo hacerlo:** Mantente informado sobre las regulaciones y políticas relevantes para tu industria y negocio. Asegúrate de cumplir con las leyes y regulaciones vigentes.

12. Adopción de Nuevos Canales de Marketing:

La forma en que las personas consumen información y compran productos está en constante evolución. Debes estar dispuesto a adoptar nuevos canales de marketing.

- **Cómo hacerlo**: Investiga y experimenta con nuevos canales de marketing, como las redes sociales emergentes, publicidad en aplicaciones móviles y plataformas de comercio electrónico en crecimiento.

13. Innovación en Productos o Servicios:

La innovación en tus productos o servicios puede mantenerte a la vanguardia del mercado.

- **Cómo hacerlo:** Escucha las necesidades y sugerencias de tus clientes y miembros y busca oportunidades de mejora en tus ofertas. Considera el desarrollo de productos o servicios nuevos y mejorados.

14. Comunicación Abierta con tu Red:

Mantén una comunicación abierta con tu red de miembros y clientes para comprender sus preocupaciones y necesidades cambiantes.

- **Cómo hacerlo:** Organiza reuniones regulares, webinars o grupos de discusión para escuchar a tu red y responder a sus inquietudes. Esto fomentará la lealtad y la confianza en tu liderazgo.

15. Resiliencia Mental y Actitud Positiva:

La resiliencia y una actitud positiva te ayudarán a superar los desafíos y a mantener la motivación para adaptarte a los cambios.

- **Cómo hacerlo:** Practica técnicas de resiliencia, como la meditación y el manejo del estrés. Mantén una mentalidad abierta y positiva ante los desafíos.

Conclusión:

Mantenerse actualizado y adaptarse a los cambios en el mercado es esencial para el crecimiento y el éxito continuo en el negocio de redes de mercadeo. Al seguir estas estrategias y adoptar una mentalidad de aprendizaje constante y adaptabilidad, estarás mejor preparado para enfrentar los desafíos cambiantes del mercado y aprovechar las oportunidades emergentes. La adaptabilidad y la actualización continua te permitirán construir un negocio de redes de mercadeo sólido y exitoso que perdure en el tiempo.

Capítulo 11
Estudios de Caso de Éxito

Historias de personas reales que han tenido éxito en redes de mercadeo.

Las historias de éxito en redes de mercadeo pueden inspirar y motivar a otros a alcanzar sus metas en este campo. A continuación, te presentaré varias historias de personas reales que han tenido éxito en las redes de mercadeo, y cómo puedes utilizar sus experiencias para hacer crecer tu propio negocio en este campo.

Historia 1: Mary Kay Ash - Mary Kay Cosmetics

Una de las historias más icónicas en el mundo del marketing de redes es la de Mary Kay Ash, la fundadora de Mary Kay Cosmetics. Mary Kay Ash comenzó su negocio en 1963 con un enfoque en empoderar a las mujeres a través de la venta directa de productos de belleza. Su visión y enfoque en el desarrollo personal y profesional de las mujeres la llevaron a construir un imperio de belleza.

Lección: La historia de Mary Kay Ash destaca la importancia de tener una visión clara y un propósito significativo en tu negocio de redes de mercadeo. Ella creó un ambiente de apoyo y capacitación que inspiró a su red de vendedoras a tener éxito.

Historia 2: Eric Worre - Network Marketing Pro

Eric Worre es una figura influyente en la industria del marketing de redes. Comenzó su carrera en el marketing de redes y, a través de la dedicación y el trabajo duro, se convirtió en un líder de pensamiento y fundó Network Marketing Pro, una plataforma de formación y desarrollo.

Lección: La historia de Eric Worre resalta la importancia de la educación continua y el liderazgo en el marketing de redes. Su enfoque en la capacitación y el desarrollo personal ha ayudado a miles de personas a alcanzar el éxito en este campo.

Historia 3: Richard DeVos y Jay Van Andel - Amway

Amway es una de las empresas de marketing de redes más grandes y exitosas del mundo. Fue fundada por Richard DeVos y Jay Van Andel en 1959. Lo que comenzó como una pequeña empresa de productos para el hogar se convirtió en una empresa global con millones de distribuidores en todo el mundo.

Lección: La historia de Amway destaca la importancia de la visión a largo plazo y la expansión internacional en el marketing de redes. Su enfoque en la calidad de los productos y el apoyo a sus distribuidores ha sido fundamental para su éxito.

Historia 4: Ray Higdon - Network Marketing Coach

Ray Higdon es un exitoso empresario de marketing de redes que pasó de la quiebra a convertirse en un líder de la industria. Fundó Network Marketing Coach y ha capacitado a miles de personas en todo el mundo sobre cómo tener éxito en el marketing de redes.

Lección: La historia de Ray Higdon destaca la importancia de la perseverancia y la superación de desafíos en el marketing de redes. Su enfoque en la formación y el liderazgo personal ha ayudado a muchos a transformar sus vidas.

Historia 5: Sarah Robbins - Rodan + Fields

Sarah Robbins es una de las principales vendedoras en Rodan + Fields, una empresa de cuidado de la piel que utiliza el marketing de redes. Comenzó como una maestra de escuela y, a través de su dedicación y habilidades de liderazgo, se convirtió en una exitosa empresaria en esta industria.

Lección: La historia de Sarah Robbins resalta la importancia de la autenticidad y la conexión personal en el marketing de redes. Su capacidad para construir relaciones sólidas la ha convertido en una líder en su empresa.

Cómo Utilizar estas Historias para Hacer Crecer tu Negocio:

Inspiración y Motivación: Utiliza estas historias para inspirarte y motivarte a ti mismo y a tu equipo. El éxito de otras personas demuestra que es posible alcanzar tus metas en el marketing de redes.

Aprendizaje y Desarrollo: Analiza las estrategias y enfoques que estas personas utilizaron para alcanzar el éxito. Considera cómo puedes aplicar sus lecciones y principios a tu propio negocio.

Construcción de una Comunidad: En el marketing de redes, la construcción de relaciones es fundamental. Aprende de estas historias cómo construir una comunidad sólida y apoyar a tus miembros o distribuidores.

Establecimiento de Metas: Define metas claras para tu negocio en función de las historias de éxito que has escuchado. Establece objetivos realistas y trabaja hacia ellos de manera constante.

Desarrollo Personal: Reconoce la importancia del desarrollo personal y la capacitación continua. Invierte en tu propio crecimiento y en el de tu equipo.

Enseñanza y Liderazgo: Utiliza estas historias para enseñar a otros. Conviértete en un líder que guía a su equipo hacia el éxito utilizando las lecciones aprendidas de estas historias.

Persistencia y Resiliencia: Comprende que el camino hacia el éxito en el marketing de redes puede estar lleno de desafíos. La persistencia y la resiliencia son clave para superar obstáculos.

En resumen, las historias de éxito en el marketing de redes pueden ser poderosas fuentes de inspiración y aprendizaje. Utiliza estas historias para crecer personal y profesionalmente, y para liderar a tu equipo hacia el éxito en este apasionante campo.

Lecciones aprendidas de casos de éxito.

Por supuesto, las lecciones aprendidas de casos de éxito en redes de mercadeo son valiosas para aquellos que buscan hacer crecer su propio negocio en este campo. A continuación, detallaré algunas de las lecciones clave que se pueden extraer de casos de éxito y cómo aplicarlas para impulsar el crecimiento de tu negocio de redes de mercadeo.

Lección 1: Enfoque en la Educación y Desarrollo Personal

Muchos casos de éxito en redes de mercadeo enfatizan la importancia de la educación continua y el desarrollo personal. Líderes exitosos dedican tiempo y recursos a capacitarse a sí mismos y a sus equipos.

Aplicación: Invierte en tu propio desarrollo y en el de tu equipo. Proporciona acceso a recursos de capacitación y fomenta una cultura de aprendizaje constante en tu red. Esto fortalecerá las habilidades y la confianza de tus miembros.

Lección 2: Establecimiento de Metas Claras

Las personas exitosas en el marketing de redes a menudo establecen metas claras y alcanzables. Saber hacia dónde se dirigen y qué necesitan hacer para llegar allí.

Aplicación: Ayuda a tus miembros a definir metas específicas y realistas. Facilita la creación de un plan de acción para alcanzar esas metas. Esto aumentará la motivación y el compromiso de tu equipo.

Lección 3: Construcción de Relaciones Sólidas

El marketing de redes se basa en la construcción de relaciones sólidas. Los líderes exitosos se enfocan en la conexión personal y en brindar valor a sus contactos.

Aplicación: Enfatiza la importancia de las relaciones en tu red. Fomenta la comunicación auténtica y el servicio a los demás. Esto fortalecerá la lealtad y la confianza.

Lección 4: Persistencia y Resiliencia

El camino hacia el éxito en redes de mercadeo puede ser desafiante. Aquellos que tienen éxito muestran una gran persistencia y resiliencia al superar obstáculos.

Aplicación: Motiva a tu equipo a mantenerse enfocado en sus objetivos a pesar de los desafíos. Proporciona apoyo emocional y estrategias para superar la adversidad.

Lección 5: Comunicación Efectiva

La comunicación efectiva es clave para construir y mantener una red sólida. Los líderes exitosos son excelentes comunicadores que pueden transmitir su visión de manera clara.

Aplicación: Mejora tus habilidades de comunicación y fomenta la capacitación en este aspecto dentro de tu red. La comunicación eficaz aumenta la comprensión y el compromiso.

Lección 6: Automatización y Tecnología

El uso inteligente de la tecnología y la automatización puede aumentar la eficiencia en el marketing de redes. Los líderes exitosos aprovechan estas herramientas.

Aplicación: Investiga y adopta herramientas tecnológicas que faciliten el seguimiento, la gestión de contactos y la comunicación en tu red. Esto mejorará la productividad.

Lección 7: Liderazgo Inspirador

Los líderes exitosos son inspiradores y ejemplifican los valores y la ética de la empresa. Atraen a otros con su liderazgo auténtico.

Aplicación: Desarrolla tus habilidades de liderazgo y promueve una cultura de valores en tu red. Un liderazgo inspirador motiva a los demás a seguirte.

Lección 8: Diversificación de Fuentes de Ingresos

Algunos casos de éxito en redes de mercadeo han diversificado sus fuentes de ingresos para aumentar la estabilidad financiera.

Aplicación: Explora oportunidades adicionales de ingresos relacionadas con tu negocio de redes de mercadeo. Esto puede incluir la venta de productos complementarios o la creación de contenido de capacitación.

Lección 9: Adaptabilidad a las Tendencias del Mercado

Las tendencias del mercado cambian constantemente. Aquellos que tienen éxito en el marketing de redes se adaptan a estas tendencias.

Aplicación: Mantente al tanto de las tendencias actuales en tu industria y ajusta tus estrategias en consecuencia. La adaptabilidad te ayudará a mantener la relevancia.

Lección 10: Ética y Transparencia

La ética y la transparencia son fundamentales para mantener la confianza en el marketing de redes. Los líderes exitosos operan con integridad.

Aplicación: Establece estándares éticos sólidos en tu red y fomenta la honestidad y la transparencia en todas las interacciones.

Lección 11: Enfoque en el Cliente

Aquellos que tienen éxito en el marketing de redes se centran en satisfacer las necesidades y deseos de sus clientes y miembros.

Aplicación: Haz que la satisfacción del cliente sea una prioridad y fomenta la atención al cliente de alta calidad en tu red.

Lección 12: Análisis de Datos y Toma de Decisiones Informadas

La toma de decisiones informadas basadas en datos es esencial. Los líderes exitosos utilizan análisis para guiar sus acciones.

Aplicación: Fomenta la recopilación y el análisis de datos en tu red. Utiliza esta información para tomar decisiones estratégicas.

En resumen, las lecciones aprendidas de casos de éxito en redes de mercadeo pueden ser aplicadas de manera efectiva para hacer crecer tu propio negocio. Al enfocarte en la educación, establecer metas claras, construir relaciones sólidas y ser persistente, puedes avanzar hacia el éxito en este apasionante campo. Utiliza estas lecciones como un mapa para guiar tu camino hacia el crecimiento y la prosperidad en el marketing de redes.

Capítulo 12
Conclusiones y Acción

Resumen de los principales puntos.

Resumiré los principales puntos discutidos en la información anterior relacionada con redes de mercadeo y cómo aplicarlos para hacer crecer tu negocio en este campo. Aquí tienes un resumen detallado de las claves para el éxito en redes de mercadeo:

1. **Educación y Desarrollo Personal:**
   - La educación continua es fundamental para mantenerte actualizado en la industria.
   - Invierte tiempo y recursos en capacitación y desarrollo personal.
   - Fomenta una cultura de aprendizaje constante en tu red.

2. **Establecimiento de Metas Claras:**
   - Define metas específicas y alcanzables para ti y tu equipo.
   - Crea un plan de acción detallado para alcanzar esas metas.
   - El enfoque en las metas aumenta la motivación y el compromiso.

3. **Construcción de Relaciones Sólidas:**
   - El marketing de redes se basa en la construcción de relaciones.
   - Fomenta la comunicación auténtica y el servicio a los demás.
   - Las relaciones sólidas fortalecen la lealtad y la confianza en tu red.

4. **Persistencia y Resiliencia:**
   - El camino hacia el éxito puede ser desafiante.

- Anima a tu equipo a mantenerse enfocado en sus objetivos a pesar de los desafíos.
- Proporciona apoyo emocional y estrategias para superar la adversidad.

5. Comunicación Efectiva:

- La comunicación efectiva es clave para construir y mantener una red sólida.
- Mejora tus habilidades de comunicación y fomenta la capacitación en este aspecto.
- La comunicación eficaz aumenta la comprensión y el compromiso.

6. Automatización y Tecnología:

- Utiliza herramientas tecnológicas para aumentar la eficiencia en la gestión de tu red.
- Investiga y adopta soluciones que faciliten el seguimiento y la comunicación.
- La tecnología puede mejorar la productividad de tu equipo.

7. Liderazgo Inspirador:

- El liderazgo inspirador motiva a los demás a seguirte.
- Desarrolla tus habilidades de liderazgo y promueve una cultura de valores en tu red.
- Sé un ejemplo de los valores y la ética de tu empresa.

8. Diversificación de Fuentes de Ingresos:

- Explora oportunidades adicionales de ingresos relacionadas con tu negocio de redes.
- Esto puede incluir la venta de productos complementarios o la creación de contenido de capacitación.
- Diversificar las fuentes de ingresos aumenta la estabilidad financiera.

9. **Adaptabilidad a las Tendencias del Mercado:**
    - Mantente al tanto de las tendencias actuales en tu industria y ajusta tus estrategias en consecuencia.
    - La adaptabilidad te ayudará a mantener la relevancia en un mercado cambiante.

10. **Ética y Transparencia:**
    - Establece estándares éticos sólidos en tu red y fomenta la honestidad y la transparencia en todas las interacciones.
    - La integridad es fundamental para mantener la confianza en el marketing de redes.

11. **Enfoque en el Cliente:**
    - Haz que la satisfacción del cliente sea una prioridad y fomenta la atención al cliente de alta calidad en tu red.
    - Satisfacer las necesidades de tus clientes y miembros es esencial para el éxito a largo plazo.

12. **Análisis de Datos y Toma de Decisiones Informadas:**
    - Recopila y analiza datos para guiar tus decisiones estratégicas.
    - La toma de decisiones informada basada en datos es esencial para el crecimiento.
    - Utiliza información concreta para ajustar tus estrategias según sea necesario.

13. **Enfoque en el Desarrollo Continuo de tu Red:**
    - Centra tus esfuerzos en ayudar a los miembros de tu red a alcanzar sus objetivos.
    - Apoya el desarrollo y el crecimiento personal y profesional de tu equipo.
    - El éxito de tu red es clave para el éxito de tu negocio en redes de mercadeo.

14. Mantén una Actitud Positiva y Proactiva:

- Una actitud positiva y proactiva puede ser contagiosa y motivadora para tu equipo.
- Fomenta un ambiente de trabajo en el que la positividad y la proactividad sean valoradas.

15. Innovación y Creatividad:

- Fomenta la innovación y la creatividad dentro de tu red.
- Busca nuevas formas de abordar los desafíos y de mejorar los procesos.
- La innovación puede ayudar a tu negocio a destacar en el mercado.

16. Trabaja en tu Marca Personal:

- Desarrolla una marca personal sólida que te distinga en la industria.
- Cuida tu reputación en línea y fuera de ella.
- Una marca personal fuerte puede atraer a más personas a tu red.

17. Enfócate en el Crecimiento Sostenible:

- Busca un crecimiento que sea sostenible a largo plazo.
- Evita tomar atajos o decisiones que puedan comprometer la integridad de tu negocio.
- Un crecimiento sostenible es esencial para el éxito continuo.

18. Aprende de las Historias de Éxito:

- Estudia las historias de éxito en redes de mercadeo.
- Utiliza estas historias como inspiración y aprendizaje.
- Aplica las lecciones y estrategias de aquellos que han triunfado en la industria.

En resumen, el éxito en el marketing de redes de mercadeo se basa en una combinación de habilidades, valores, estrategias y un enfoque constante en el desarrollo personal y profesional. Utiliza estos principios como un marco para guiar tu camino hacia el crecimiento y la prosperidad en este apasionante campo. Con una mentalidad positiva, una ética sólida y un enfoque en el servicio a los demás, puedes alcanzar tus metas y construir una red sólida y exitosa.

Pasos a seguir para comenzar o mejorar tu carrera en redes de mercadeo.

Iniciar o mejorar una carrera en redes de mercadeo puede ser un proceso emocionante y desafiante. Este enfoque se centra en ayudarte a dar los pasos necesarios para construir y hacer crecer tu negocio de redes de mercadeo de manera efectiva. A continuación, se presentan los pasos clave que debes seguir:

Paso 1: Establece tus Objetivos y Visión

Antes de sumergirte en el mundo del marketing de redes, es importante que definas tus objetivos y visión. ¿Qué esperas lograr con tu negocio de redes de mercadeo? ¿Cuál es tu visión a largo plazo? Establecer metas claras y una visión sólida proporcionará una dirección y motivación para tu carrera en redes de mercadeo.

- *Aplicación:* Dedica tiempo a reflexionar sobre tus metas y visión. Escribe tus objetivos a corto y largo plazo y comparte tu visión con tu equipo. Esto les dará a todos un sentido de propósito y dirección.

Paso 2: Investiga y Selecciona una Compañía Confiable

La elección de la compañía de redes de mercadeo adecuada es un paso crucial. Investiga diferentes empresas, sus productos o servicios, su historial y su integridad. Busca una compañía que se alinee con tus valores y que ofrezca productos o servicios que puedas respaldar con entusiasmo.

- *Aplicación:* Realiza una investigación exhaustiva antes de unirte a una compañía. Consulta opiniones, habla con otros distribuidores y asegúrate de entender su modelo de compensación. Una elección informada es esencial para el éxito a largo plazo.

Paso 3: Capacítate y Desarrolla tus Habilidades

La capacitación y el desarrollo de habilidades son fundamentales en el marketing de redes. Aprende todo lo que puedas sobre los productos o servicios que promocionas, así como sobre las estrategias de ventas y marketing efectivas. La educación continua es clave para mantenerte actualizado en la industria.

- *Aplicación:* Invierte tiempo en capacitarte y anima a tu equipo a hacer lo mismo. Proporciona acceso a recursos de capacitación y fomenta una cultura de aprendizaje constante.

Paso 4: Construye tu Red de Contactos

El núcleo de las redes de mercadeo es construir y mantener una red sólida de contactos. Comienza por hacer una lista de tus contactos actuales, amigos, familiares y conocidos. Luego, expande tu red al conocer nuevas personas a través de eventos, redes sociales y otras oportunidades.

- *Aplicación:* Utiliza herramientas de seguimiento para gestionar tus contactos y asegúrate de mantener una comunicación regular con ellos. Construir relaciones sólidas es esencial para el éxito en redes de mercadeo.

Paso 5: Comienza con el Marketing Digital

El marketing digital es una herramienta poderosa en el mundo de las redes de mercadeo. Crea perfiles profesionales en redes sociales, un sitio web o blog para promover tu negocio y productos. Utiliza estrategias de marketing digital como el contenido relevante y las estrategias de SEO para aumentar tu visibilidad en línea.

- *Aplicación:* Aprende sobre las estrategias de marketing digital y comienza a aplicarlas en tu negocio. Asegúrate de mantener una presencia en línea efectiva y coherente.

Paso 6: Desarrolla tu Marca Personal

Tu marca personal es cómo te presentas en el mundo del marketing de redes. Es importante que te muestres como un líder confiable y entusiasta que brinda valor a su audiencia. Cuida tu reputación en línea y fuera de ella.

- *Aplicación:* Trabaja en tu marca personal a través de una comunicación auténtica y coherente. Publica contenido relevante y útil para tu audiencia y muestra tu pasión por lo que haces.

Paso 7: Comparte la Oportunidad de Manera Auténtica

A medida que construyas tu red, comparte la oportunidad de manera auténtica. No se trata de presionar a las personas para que se unan, sino de presentarles una oportunidad que podría beneficiarlas. Escucha sus necesidades y muestra cómo tu negocio puede ayudarles.

- *Aplicación:* Sé un buen comunicador y escucha a tu audiencia. Comparte la oportunidad de manera clara y honesta, enfocándote en los beneficios que ofrece.

Paso 8: Capacita y Apoya a tu Equipo

Si deseas tener éxito en el marketing de redes, necesitas un equipo fuerte. Capacita y apoya a los miembros de tu equipo, ayúdalos a alcanzar sus objetivos y proporciona orientación y liderazgo efectivo.

- *Aplicación:* Dedica tiempo a entrenar a tu equipo y proporciona recursos y herramientas para su desarrollo. Un equipo motivado y capacitado es clave para el crecimiento de tu red.

Paso 9: Evalúa y Ajusta tus Estrategias

El marketing de redes no es estático; debes estar dispuesto a adaptarte y ajustar tus estrategias según sea necesario. Evalúa regularmente tus tácticas y busca formas de mejorar y crecer.

- *Aplicación:* Realiza un seguimiento de tus resultados y utiliza análisis de datos para tomar decisiones informadas. Ajusta tus estrategias según sea necesario para lograr tus objetivos.

Paso 10: Mantén una Actitud Positiva y Persistente

El último paso, pero no menos importante, es mantener una actitud positiva y persistente. Habrá desafíos en el camino, pero una mentalidad positiva y la persistencia te ayudarán a superarlos.

- *Aplicación:* Mantén una actitud positiva en todo momento y alienta a tu equipo a hacer lo mismo. La persistencia es clave para el éxito a largo plazo en el marketing de redes.

Siguiendo estos pasos, estarás en camino de iniciar o mejorar tu carrera en redes de mercadeo. Recuerda que el éxito en este campo requiere tiempo, esfuerzo y dedicación constante. Con una visión clara, capacitación continua y una actitud positiva, puedes alcanzar tus metas y construir un negocio sólido en el emocionante mundo de las redes de mercadeo.

Apéndice: Recursos Adicionales

Listado de libros, cursos y herramientas para aprender más.

aquí tienes una lista de libros, cursos y herramientas que te ayudarán a aprender más sobre redes de mercadeo y a hacer crecer tu negocio en este campo. Estas fuentes de conocimiento te proporcionarán información valiosa, estrategias efectivas y habilidades necesarias para tener éxito en las redes de mercadeo.

Libros:

Los Secretos de la Mente Millonaria por T. Harv Eker

- Este libro se enfoca en la mentalidad y la psicología de la riqueza, lo que es fundamental en el éxito en redes de mercadeo.

Padre Rico, Padre Pobre por Robert T. Kiyosaki

- Ofrece lecciones sobre finanzas personales y la importancia de crear activos y fuentes de ingresos adicionales, lo cual es relevante en las redes de mercadeo.

La Guía de los Negocios en Red por Robert Kiyosaki

- Kiyosaki ofrece consejos y estrategias específicas para tener éxito en las redes de mercadeo.

Cómo Ganar Amigos e Influir Sobre las Personas por Dale Carnegie

- Este libro clásico es esencial para aprender habilidades de comunicación y construcción de relaciones, cruciales en las redes de mercadeo.

***Poder Sin Límites* por Tony Robbins**

- Tony Robbins comparte estrategias para el crecimiento personal y el éxito, lo cual es relevante en cualquier campo, incluyendo el de las redes de mercadeo.

Cursos en línea:

Coursera - *Marketing en Redes Sociales* por la Universidad de Northwestern

- Este curso te enseñará cómo utilizar eficazmente las redes sociales para promocionar tus productos y construir tu red de mercadeo.

Udemy - *Marketing de Afiliados y Redes de Mercadeo* por Juan Antonio **Guerrero Cañongo**

- Aprenderás sobre las estrategias efectivas de marketing de afiliados y cómo aplicarlas en las redes de mercadeo.

edX - Negocios en Red: Modelos y Estrategias por la Universidad de Alicante

- Explora diferentes modelos de negocios en red y estrategias para tener éxito en ellos.

HubSpot Academy - Inbound Marketing Certification

- El marketing entrante es una estrategia efectiva para atraer clientes a tu negocio de redes de mercadeo. Este curso te enseñará los conceptos clave.

LinkedIn Learning - *Curso de Marketing de Contenidos* por HubSpot Academy

- Aprende a crear contenido de alta calidad para atraer y retener a tu audiencia en línea, una habilidad esencial en las redes de mercadeo.

Herramientas y Recursos:

Hootsuite - Esta plataforma te permite administrar y programar publicaciones en redes sociales, lo que es crucial para mantener una presencia en línea efectiva.

Buffer - Similar a Hootsuite, Buffer te ayuda a programar publicaciones en redes sociales y medir su impacto.

Google Analytics - Para rastrear el tráfico de tu sitio web y comprender cómo las personas interactúan con tu contenido en línea.

Canva - Una herramienta de diseño en línea que te permite crear gráficos atractivos para tus publicaciones en redes sociales y materiales de marketing.

Trello - Una herramienta de gestión de proyectos que te ayuda a organizar y planificar tus actividades de marketing y seguimiento de tu equipo.

Estos libros, cursos y herramientas te brindarán el conocimiento y las habilidades necesarias para tener éxito en las redes de mercadeo y hacer crecer tu negocio. Recuerda que el aprendizaje continuo y la aplicación de lo que aprendes son clave para alcanzar tus metas en este campo.

Contactos y redes de apoyo en la industria.

Contar con una red sólida de contactos y redes de apoyo es esencial en la industria de redes de mercadeo. Estas conexiones pueden proporcionarte conocimientos, recursos y oportunidades que te ayudarán a hacer crecer tu negocio. A continuación, te explicaré cómo puedes construir y utilizar efectivamente estas redes para impulsar tu éxito en las redes de mercadeo.

¿Por qué son importantes los contactos y las redes de apoyo en las redes de mercadeo?

En el marketing de redes, tu éxito depende en gran medida de tu capacidad para construir relaciones sólidas. Aquí tienes algunas razones por las cuales los contactos y las redes de apoyo son esenciales:

Acceso a Mentores y Expertos: Las personas que ya han tenido éxito en la industria pueden brindarte orientación valiosa y compartir sus conocimientos y estrategias.

Referencias y Prospectos: Tus contactos pueden referirte a posibles clientes y distribuidores, lo que puede acelerar el crecimiento de tu red.

Recursos Compartidos: Puedes beneficiarte de los recursos compartidos, como herramientas de marketing, capacitación y oportunidades de colaboración.

Apoyo Emocional: La industria de redes de mercadeo puede ser desafiante, y contar con una red de apoyo te brinda el apoyo emocional necesario para mantener una actitud positiva y perseverar.

Cómo construir contactos y redes de apoyo en la industria de redes de mercadeo:

Participa en Eventos y Conferencias: Asiste a conferencias, seminarios y eventos de la industria. Estos son lugares ideales para conocer a otros profesionales y líderes en redes de mercadeo.

Únete a Grupos y Asociaciones: Busca grupos y asociaciones relacionados con tu nicho o tu compañía de redes de mercadeo. Únete y participa activamente para establecer conexiones.

Utiliza las Redes Sociales: Plataformas como LinkedIn, Facebook y Twitter te permiten conectarte con otros profesionales. Participa en grupos y comunidades en línea relacionados con el marketing de redes.

Colabora en Proyectos: Busca oportunidades de colaboración con otros distribuidores o emprendedores. Puedes trabajar juntos en campañas de marketing, eventos o proyectos de capacitación.

Asiste a Entrenamientos y Seminarios Web: Muchas compañías de redes de mercadeo ofrecen entrenamientos y seminarios web. Participa y conoce a otros miembros de tu equipo.

Participa en Llamadas y Reuniones de Equipo: Mantente conectado con tu equipo y tu patrocinador. Las llamadas y las reuniones son oportunidades para compartir conocimientos y establecer relaciones más sólidas.

Sé un Líder de Valor: Ofrece tu experiencia y conocimiento para ayudar a otros en tu equipo. Cuanto más valores aportes, más fuerte será tu red de apoyo.

Cómo utilizar efectivamente tus contactos y redes de apoyo para hacer crecer tu negocio:

Mentoría: Busca un mentor o coach experimentado en la industria. Esta persona puede ayudarte a establecer metas y aconsejarte sobre las mejores prácticas.

Referencias y Prospectos: Mantén una comunicación activa con tus contactos y redes. Pide referencias y presentaciones a posibles clientes o distribuidores.

Intercambio de Conocimientos: Comparte tus experiencias y conocimientos con otros en tu red. También, busca oportunidades para aprender de ellos.

Alianzas Estratégicas: Colabora con otros distribuidores o emprendedores en proyectos conjuntos. Esto puede ampliar tu alcance y proporcionarte nuevas oportunidades.

Apoyo Mutuo: Ofrece y busca apoyo emocional en tu red de apoyo. La industria de redes de mercadeo puede ser desafiante, y el respaldo de otros es fundamental.

Actualización Constante: Mantente al tanto de las novedades y las tendencias en la industria. Tu red de apoyo puede ayudarte a identificar oportunidades y adaptarte a los cambios.

Desarrolla Relaciones a Largo Plazo: No se trata solo de obtener beneficios a corto plazo. Cultiva relaciones sólidas a largo plazo basadas en la confianza y la reciprocidad.

Recuerda que la construcción y el uso efectivo de tus contactos y redes de apoyo en la industria de redes de mercadeo lleva tiempo y esfuerzo. Es fundamental mantener una actitud profesional, auténtica y de servicio. A medida que estableces relaciones sólidas y colaboras con otros en la industria, tu negocio de redes de mercadeo tendrá un mayor potencial de crecimiento y éxito.

Glosario de Términos

Definiciones de términos clave utilizados en redes de mercadeo.

Es importante comprender los términos clave utilizados en la industria de redes de mercadeo para tener éxito en este campo. A continuación, proporcionaré definiciones de algunos términos clave y cómo puedes aplicarlos para hacer crecer tu negocio en redes de mercadeo.

1. Redes de Mercadeo (Network Marketing): Se refiere a un modelo de negocio en el cual los productos o servicios se promocionan y venden a través de una red de distribuidores independientes. Los distribuidores ganan comisiones por las ventas realizadas por ellos y por su equipo de distribuidores reclutados.

Aplicación: Comprende que estás participando en un modelo de negocio basado en redes y asegúrate de comprender su estructura y dinámica para aprovechar sus ventajas.

2. Patrocinador (Sponsor): Es la persona que te introduce en la empresa de redes de mercadeo y te brinda orientación y apoyo en tus esfuerzos iniciales.

Aplicación: Busca un patrocinador experimentado y comprometido que pueda guiarte en tus primeros pasos y ayudarte a comprender el negocio.

3. Distribuidor Independiente (Independent Distributor): Es un individuo que se une a una compañía de redes de mercadeo para promocionar y vender sus productos o servicios.

Aplicación: Sé un distribuidor comprometido y enfócate en construir tu red y generar ventas tanto como sea posible.

4. Producto o Servicio de la Compañía: Es el producto o servicio que la compañía ofrece a través de su red de distribuidores.

Aplicación: Familiarízate completamente con los productos o servicios de tu compañía y comprende sus beneficios y ventajas para poder promocionarlos de manera efectiva.

5. Upline: Se refiere a los distribuidores que están por encima de ti en la estructura de tu red. Son las personas que te patrocinaron y de quienes recibes apoyo y orientación.

Aplicación: Mantén una comunicación constante con tu upline y busca aprender de su experiencia y conocimientos.

6. Downline: Son los distribuidores que están por debajo de ti en tu estructura de red. Son las personas a las que patrocinas y de las que recibes comisiones por sus ventas y reclutamientos.

Aplicación: Ayuda y apoya a tu downline para que tengan éxito, ya que su éxito también contribuye al tuyo.

7. Comisión por Ventas Personales: Es la comisión que ganas por las ventas directas que realizas. Puede variar según la compañía y el producto o servicio.

Aplicación: Enfócate en generar ventas personales para aumentar tus ingresos y establecer una base sólida para tu negocio.

8. Comisión Residual: Es la comisión que ganas por las ventas y reclutamientos realizados por tu equipo de distribuidores en profundidad, a menudo hasta varios niveles.

Aplicación: Construye un equipo sólido y ayuda a tus reclutas a hacer lo mismo para aumentar tus ingresos residuales a largo plazo.

9. Plan de Compensación: Es la estructura que define cómo se pagan las comisiones y bonificaciones en la compañía de redes de mercadeo.

Aplicación: Estudia y comprende el plan de compensación de tu compañía para maximizar tus ingresos.

10. Línea Ascendente (Upline Team): Es el equipo de distribuidores que están por encima de ti en tu estructura de red.

Aplicación: Colabora con tu línea ascendente y busca aprender de su experiencia.

11. Línea Descendente (Downline Team): Es el equipo de distribuidores que están por debajo de ti en tu estructura de red.

Aplicación: Apoya y entrena a tu línea descendente para que tengan éxito y construyan sus propios equipos.

12. Reclutamiento: Es el proceso de patrocinar a nuevos distribuidores en tu red.

Aplicación: Desarrolla habilidades de reclutamiento efectivas para expandir tu red y aumentar tus ingresos.

13. Capacitación: Se refiere a la educación y el entrenamiento proporcionado por la compañía o tu línea ascendente para mejorar tus habilidades y conocimientos en el negocio.

Aplicación: Participa activamente en la capacitación y busca oportunidades de aprendizaje continuo.

14. Reuniones de Equipo: Son eventos regulares donde los miembros de tu equipo se reúnen para compartir información, estrategias y motivación.

Aplicación: Asiste a reuniones de equipo para fortalecer la cohesión del grupo y recibir orientación.

15. Marketing en Redes Sociales: Utilizar plataformas como Facebook, Instagram y LinkedIn para promocionar tu negocio y productos.

Aplicación: Aprende y aplica estrategias de marketing en redes sociales para llegar a un público más amplio.

16. Líder de Equipo: Un distribuidor que ha alcanzado un nivel de éxito y liderazgo dentro de la compañía.

Aplicación: Aspira a convertirte en un líder de equipo y guía a tu equipo hacia el éxito.

Comprender estos términos y cómo aplicarlos en tu negocio de redes de mercadeo te ayudará a navegar de manera efectiva en esta industria y a construir un negocio exitoso a largo plazo. La clave es seguir aprendiendo y adaptándote a medida que creces en tu carrera en redes de mercadeo.

www.ingramcontent.com/pod-product-compliance
Lightning Source LLC
Chambersburg PA
CBHW071925210526
45479CB00002B/555